# L'AMOUR ÉTAIT PRESQUE PARFAIT

*JEAN-MICHEL THÉNARD*

# L'AMOUR ÉTAIT PRESQUE PARFAIT

## Ingrid Bergman et Robert Capa, les amants magnifiques

*ÉDITIONS DU SEUIL*
*57, rue Gaston Tessier, Paris XIXe*

ISBN 978-2-02-146353-8



www.seuil.com

*À Ingrid et Bob*

On avait l'impression qu'il fallait que quel-
qu'un vole au secours d'Ingrid.

Alfred Hitchcock

Bob Capa est arrivé pour photographier la guerre et l'on pouvait entendre le cœur des femmes battre plus vite dans les bureaux.

Mary Welsh

# Avant-propos

Ingrid Bergman a révélé en 1980 dans *Ma vie*, son autobiographie écrite avec Alan Burgess, sa liaison avec Robert Capa. Elle a raconté combien cette rencontre avait été essentielle pour elle, mais elle est restée discrète sur leur histoire. Capa a encore été moins prolixe, lui que certains de ses contemporains accusaient de se la « jouer » quand il lui arrivait d'évoquer sa proximité avec la star d'Hollywood.

Heureusement pour la postérité, David Seymour – dit Chim –, cofondateur de l'agence Magnum, a recueilli les confidences d'Ingrid Bergman le soir de la mort du photographe. Il a eu la bonne idée de noter dans un cahier, qui nous est enfin parvenu, sa longue conversation avec l'actrice alors qu'ils étaient partis se consoler au Caffè Greco. Tous deux habitaient Rome à l'époque et Seymour avait été le seul photographe autorisé à prendre en photo les enfants d'Ingrid avec Roberto Rossellini. Ils étaient devenus amis et partageaient le même amour pour Capa. Chim et Bob terminaient toutes leurs lettres d'un tendre : *Love to you.*

Ce récit est celui d'une rencontre, d'une passion, d'une époque sur deux continents. Remanié par rapport au texte d'origine pour faciliter la compréhension des lecteurs, il ne prétend pas rendre compte avec exactitude de l'intimité de la relation entre Ingrid Bergman et Robert Capa connue d'eux seuls, mais il se veut au plus proche de leur histoire. Tous les faits, tous les personnages, toutes les anecdotes, tous les dialogues sont inspirés de faits réels, rapportés dans les nombreuses biographies et autobiographies consacrées à nos héros. Le reste n'est qu'imagination de l'auteur pour tenter de combler les vides qui demeuraient en dépit de tous ces ouvrages solides et sérieux. Si le lecteur le décide, ce livre peut donc être lu aussi comme une pure fiction.

Combien d'heures de décalage avec Thái Bình ? Six ? Aujourd'hui, 25 mai 1954, Capa est mort. Ou sans doute hier. Le souffle de l'explosion a tout emporté sur neuf mille kilomètres. Rome n'est plus dans Rome et les odeurs d'été ont un goût de cendres dans ce matin pétrifié. Et le téléphone qui ne cesse de sonner…

– Allô ? Allô, Chim ? C'est Ingrid.

– Oh, Ingrid, ma pauvre…

– Chim, mon ami, tu as une toute petite voix. Je viens d'entendre la nouvelle à la radio. C'est terrible… je ne peux pas y croire, pas lui, il ne pouvait pas mourir, impossible, il était si averti de tous les dangers, si malin pour se sortir de tous les pièges. Quand je pense que nous avons parlé de lui, hier soir, tu avais comme un mauvais pressentiment et je me suis moquée de ton pessimisme de vieil Ashkénaze polonais, « quand ça va bien, c'est que ça va aller mal… » Oh, Chim, *caro mio*, comment ce malheur a-t-il pu arriver ? Raconte-moi.

– La réceptionniste de l'Inghilterra m'a glissé un message ce matin, à mon retour du Caffè Greco : *Rappeler Suzy Marquis à Paris.* « Chim, me dit Suzy dans un sanglot, Capa est mort. Il a marché sur une mine. Il est mort sur le coup, il n'a pas souffert, selon le télégramme de condoléances du général Navarre, le patron des militaires français en Indochine. » J'étais soufflé, comme si la moitié de mon corps, à son tour avait été percutée par un obus. Werner Bischof, quelques heures plus tôt, tombé avec sa voiture d'une falaise au Pérou, Capa maintenant, deux catastrophes en une seule journée. Magnum, notre petite fraternité de photographes indépendants, a perdu en 24 heures son président fondateur et l'une de ses meilleures recrues.

Tu sais Ingrid, il m'est alors revenu ce que m'avait raconté Suzy, il y a quelques semaines. Tu la connais Suzy, la cousine de Capa. Elle travaille avec nous, c'est la première personne que nous avons embauchée à Magnum. Bob la considérait comme sa fille… Il lui avait demandé de passer l'aider à boucler ses bagages dans sa chambre du Lancaster, comme à chaque fois qu'il partait en voyage. Il aimait la façon dont elle pliait ses affaires avec délicatesse. Quand elle est arrivée, la valise était fermée, Capa l'avait bouclée tout seul. Elle a trouvé ça tout à fait inhabituel. Le signe qu'il redoutait quelque chose ? « Je m'en vais, si tu n'as plus besoin de moi, lui avait-elle dit alors. – Non, attends, on va partir ensemble. » Ils ont marché tous les deux pour rejoindre Magnum, au 125, rue du Faubourg Saint-Honoré. Capa ne parlait pas. Puis, il a rompu le silence : « Je hais les guerres. J'espère que je ne serai jamais plus dans une guerre. Je ne veux plus en entendre parler. » Peu après, il lui a envoyé un petit mot, alors qu'il ne lui écrivait jamais : « Vis intelligemment, affectueusement, Bob ». Un vrai testament…

– Mais pourquoi l'avez-vous laissé partir si vous aviez tous ces mauvais pressentiments ?

– Tu as vu Bob à Rome avant qu'il s'en aille, non ? Il ne partait pas pour la guerre, mais pour le Japon ! Il s'envolait pour Tokyo à l'invitation de Mainichi, un consortium de journaux japonais qui souhaitait lancer un nouveau magazine photo. Capa pouvait réaliser tous les reportages qu'il souhaitait pendant six semaines, tous frais payés. Un bel hommage, il était flatté. Seule condition, travailler avec des appareils nippons. Il devait en recevoir cinq en cadeau, des Nikon S. On a blagué quand je l'ai croisé au Greco avant son départ. Pourquoi les meilleurs appareils photos et leurs objectifs lumineux sont-ils toujours produits par les puissances de l'Axe, boches ou japs ? Faut-il y voir leur besoin maladif d'imposer leur vision du monde ? « Irwin m'a demandé de lui rapporter un appareil de Tokyo, il va peut-être se mettre à la photo », m'a dit Capa. Je rentrais de Grèce pour terminer un reportage sur

Gina Lollobrigida et lui de Klosters en Suisse, tu sais « Hollywood on the Rocks », la station de ski préférée des Américains de Paris qui descendent tous à l'hôtel Chesa Grischuna. Irwin Shaw, lui, préfère louer un grand chalet. Avec le succès du *Bal des maudits,* il peut se l'offrir. Pour le réveillon du 31 décembre, il avait invité une flopée d'amis. Il avait proposé à Bob de rester pour se refaire une santé. Il l'avait trouvé déprimé, mauvaise mine, toujours à s'inquiéter de savoir si ses meilleures années étaient derrière lui. Shaw lui avait fait promettre de ne plus jamais accepter un reportage de guerre... Sa mauvaise mine, Capa la devait à un mal de dos. Il en a souffert tout l'hiver au point de passer la nuit couché par terre parfois, tant la douleur était vive. Il m'a raconté aussi avoir frôlé la mort au ski en chutant sur une pente qui conduisait tout droit à un précipice. Sa monitrice, une certaine Flury, « pas Fury », rigolait-il, avait eu le réflexe de se jeter sur lui et de le stopper en agrippant une de ses jambes. « Tu vois l'intérêt des parties de jambes en l'air », m'avait-il glissé, malicieux, comme toujours.

– Mais, comment s'est-il retrouvé en Indochine, Chim, je ne comprends pas ?

– John Morris, le directeur de Magnum, l'a appelé à Tokyo pour lui proposer de pousser jusqu'à Saigon. Deux mille dollars plus les frais pour couvrir la guerre entre les Français et le Vietminh pendant quatre semaines. Un remplacement au pied levé. La mère de Howard Sochurek venait d'avoir une crise cardiaque, le reporter de *Life* devait rentrer aux États-Unis. Capa a hésité, mais après avoir dîné avec Sochurek à Tokyo, il a dit banco. Diên Biên Phu était sur le point de tomber, c'était une question de jours, l'Histoire frappait une fois encore à sa porte et puis, deux mille dollars pour Bob, tu le connais, il pouvait les perdre au poker en une nuit, ça ne se refuse pas. Et encore moins pour Magnum qui en a bien besoin. Morris m'a téléphoné tout à l'heure de New York, la voix brisée. Il m'a raconté qu'après avoir proposé à Capa d'aller en Indochine, il a cogité sec. Et il l'a rappelé pour le dissuader. Il ne le sentait pas. Un mauvais pressentiment, lui aussi : « Bob, tu ne vas pas y aller, ce n'est pas notre guerre !, a-t-il insisté. – Ne t'inquiète pas, ce n'est que quatre semaines. » Morris a raccroché, chagriné que Capa déroge à son principe : « Dans une guerre, il faut aimer ou détester quelqu'un, il faut prendre position, sinon on ne supporte pas ce qui se passe. » Capa ne pouvait pas aimer la guerre coloniale des Français… « Tu sais, Chim, m'a dit Morris, comme s'il cherchait à se justifier alors que, dans cette histoire, il n'a été que le petit télégraphiste du destin, Capa m'a écrit le lendemain de notre coup de fil. J'ai le mot sous les yeux, daté du 1er mai : *Je suis désolé d'avoir été un peu bref au téléphone, mais les appels longue distance me font toujours peur. Je te remercie d'avoir appelé. Sois sûr que je n'ai pas accepté ce travail par sens du devoir, mais parce que j'en avais vraiment envie. Faire des photos pour moi en ce moment est très amusant, d'autant plus qu'il s'agit d'un sujet très compliqué, au demeurant tout à fait dans mes cordes. Je sais que l'Indochine risque de ne susciter que des frustrations, mais cela mérite tout de même un reportage. Alors j'y vais. Je serai de retour dans quatre semaines, et à Paris, à la mi-juin, si des tas de propositions irrésistibles ne m'arrêtent pas en chemin.* » Tu connais Bob, Ingrid, personne ne pouvait le forcer à aller où il ne voulait pas et encore moins l'arrêter quand il avait décidé d'aller quelque part. Personne. Morris peut dormir tranquille.

– Moi, comme une idiote, je l'ai à peine vu quand il est passé à Rome… Tu te souviens, Chim, il y a un an, nos parties de rigolade avec Huston et Bogart à Ravello sur le tournage de *Plus fort que le diable*. Ils ne cessaient de se moquer de lui : « Capa est le pire joueur de poker du monde. Pire que Truman Capote ! Il ne nous coûte rien sur ce film comme photographe de plateau, on regagne le soir tout son salaire. » Capote, appelé à la rescousse pour sauver un scénario hésitant, avait été l'autre victime des deux terreurs. Nous, avec Roberto, on tournait *Voyage en Italie* entre Naples et Amalfi et le pauvre George Sanders ne supportait pas les tournages sans dialogues et sans scénario dont Rossellini est le maître. Il passait des heures au téléphone avec son psy à Hollywood. Il se plaignait que Roberto interrompe sans arrêt les prises pour aller plonger avec palmes et tuba à Capri quand un banc de poissons était annoncé. De guerre lasse, Roberto a fini par faire venir sur le plateau Zsa Zsa Gabor, l'épouse de Sanders, afin de lui remonter le moral. Bob, qui nous rendait visite en voisin, n'arrêtait pas de titiller Zsa Zsa, d'origine hongroise comme lui : « Tu ne peux pas faire un petit effort, soir et matin, pour le rendre moins dépressif ton bonhomme ? Enfin quoi, vous êtes encore de jeunes mariés, use de tes charmes pour qu'il se redresse et soit un peu plus sûr de lui, rends-toi utile, bon sang ! Tu sais qu'il ne suffit pas d'avoir du talent pour être hongroise. » Et il partait en pouffant… Je riais tant avec lui. Comme l'ambiance était lourde sur le tournage de *Voyage en Italie*, j'essayais de m'arranger, le soir, pour rejoindre Capa, Huston, Bogart, Jennifer Jones, ta copine Gina Lollobrigida et toute leur équipe à Ravello. Tu es venu, Chim. Tu te rappelles ces dîners, l'été dernier, où l'on piquait des fous rires en permanence ? La dernière fois que j'ai croisé Bob, c'était avant son départ, il y a un gros mois. On a dîné à Santa Marinella avec lui et Roberto. Le lendemain, on partait à la Scala de Milan pour notre première de *Jeanne au bûcher*, l'oratorio de Claudel et Honegger. C'est là que j'ai vu que Bob commençait à grisonner sur les tempes et cela m'a fait un drôle d'effet. Je me suis rendu compte qu'il allait avoir quarante et un ans, le 22 octobre, et que je n'allais pas tarder moi aussi à atteindre la quarantaine. Je crois que Bob est l'homme avec lequel je me suis le plus amusée de ma vie. Celui qui m'a le plus aidée à grandir. Sans lui, je n'aurais jamais osé quitter Hollywood, fuir mon mariage, découvrir un autre cinéma, croire à l'amour, croire en moi… Oh, Chim, je suis si triste ! Dis-moi que ce n'est pas vrai, que l'on va se réveiller de ce cauchemar. Retrouvons-nous au Caffè Greco, tu veux bien ? On va se faire ouvrir l'arrière-salle et les meilleures bouteilles de champagne pour une dernière nuit avec Bob. Une belle nuit d'ivresse, comme nous en avons vécu des dizaines, comme s'il allait nous rejoindre, à la fin de l'une de ses parties de poker. Il n'y a que toi, Chim, pour fêter Capa avec moi. *Es una cosa muy seriosa*, Chim, s'il te plaît.

Que penses-tu de ce champagne, Chim ? Dis… le serveur m'a présenté ses condoléances, je ne sais pas comment il a fait le lien entre Capa et moi. Tu lui as dit quelque chose ?

– Il m'a trouvé une tête d'enterrement, je lui ai répondu qu'il ne croyait pas si bien dire, que je venais de perdre un frère et que j'attendais une amie, cela lui a suffi, j'imagine…

– *Salute !* Trinquons à Bob qui aimait le champagne et les Martini dry. Je t'ai raconté cent fois, Chim, ma première rencontre avec Capa, non ? Je venais d'arriver à Paris, en juin 1945, un an après le débarquement en Normandie, un mois après la capitulation de l'Allemagne. J'étais si heureuse de retrouver Paris et son atmosphère de fête en dépit du rationnement. La ville n'avait pas bougé, toujours debout, toujours lumineuse, toujours éclatante. Je n'avais pas remis les pieds en France depuis 1938. J'avais une sensation de liberté rare, l'impression grisante que tout était possible. J'étais reçue comme une star, j'avais remporté l'Oscar de la meilleure actrice, trois mois plus tôt. Une revanche par rapport à 1944, où j'avais été nominée sans succès pour le rôle de Maria dans *Pour qui sonne le glas*. Maria, la petite orpheline de la guerre d'Espagne aux cheveux courts… Tu vois Chim, comme quoi il n'y a pas de hasard… Je voulais à tout prix ce rôle, je me suis battue comme une damnée pour l'obtenir sans très bien savoir pourquoi. Sans savoir surtout que Capa avait photographié cette guerre dont j'ignorais à peu près tout. J'avais vu ses photos dans les journaux, mais sans y prêter attention. J'étais très loin de la politique. Je ne savais pas que Capa était ami avec Hemingway, avec qui j'avais déjeuné en janvier 1941 à San Francisco, pour le convaincre que Maria, c'était moi, moi, moi, moi, et qu'il devait me confier le rôle.

David Selznick, qui m'avait alors prise sous son aile, m'avait appelée à Sun Valley où je skiais avec Petter pour m'avertir qu'Hemingway était d'accord pour me recevoir. Ernest partait en Chine. Il accompagnait son épouse Martha Gellhorn envoyée par *Collier's* couvrir la guerre sino-japonaise. Martha, je l'avais croisée sur le *Rex* en 1940, le paquebot qui me ramenait à New York à la demande de Selznick. Elle s'était présentée et nous avions échangé des banalités. On s'est retrouvés chez Jack sur Sacramento Street. J'avais bronzé, mon nez pelait et Hemingway ne cessait de me regarder.

Il avait un costume trois pièces en tweed dans lequel il était un peu engoncé, et moi un tailleur pied-de-poule avec des chaussures plates. À ma grande surprise, un photographe de *Life* était présent pour immortaliser notre rencontre. J'étais intimidée et je rougissais comme toujours quand je suis embarrassée. Je connaissais par cœur la description de Maria dans le roman : *Ses dents étaient blanches dans son visage brun, et sa peau et ses yeux étaient du même brun doré… Ses cheveux avaient la couleur d'or bruni d'un champ de blé brûlé par le soleil, mais ils étaient coupés si court qu'ils faisaient penser au pelage d'un castor.* Avec mes yeux bleus et mes cheveux châtains, ce n'était pas tout à fait mon portrait. Hemingway me regardait et j'étais de plus en plus inquiète. Quand est arrivé le plat de résistance, il a tendu le bras pour m'attraper les cheveux : « C'est parfait, j'ai eu tort de m'inquiéter. » Je n'osais y croire. « Je n'aurais jamais cru qu'on me choisirait, moi la petite Scandinave, pour jouer une Espagnole. – J'ai vu des Espagnoles comme vous, pendant la guerre. Des grandes blondes, il y en a beaucoup. » Et puis soudain, entre la poire et le fromage, il m'a lancé : « Au fait, comment sont vos oreilles ? – J'entends bien, pourquoi ? – Non, parce que Maria a les cheveux courts comme un garçon. Vous allez devoir vous couper les cheveux et je ne voudrais pas que vos oreilles soient trop laides. » Je glissai mes cheveux en arrière et ça a eu l'air de le rassurer. « Ne vous en faites pas, vous aurez le rôle et vous y serez très bien. Je ne ferai pas ce film sans vous », m'a lancé Hemingway, au moment de se quitter. Et il m'a donné un exemplaire de *Pour qui sonne le glas*. Quand je l'ai ouvert, j'ai vu sa dédicace : *À Ingrid Bergman, la Maria de cette histoire*. Je n'ai appris que bien plus tard que c'était Martha Gellhorn qui avait suggéré mon nom à son époux. Elle avait été séduite, m'a-t-on dit, par mon côté nature en me voyant sur le pont du *Rex* avec mon bébé sur le dos.

En dépit du paraphe de « Papa », il m'a fallu encore beaucoup batailler pour décrocher ce foutu rôle. La Paramount ne voulait pas de moi. Elle préférait Vera Zorina, qu'elle avait sous contrat. Le tournage a commencé avec elle, d'ailleurs. Et puis, miracle, Vera craignait trop d'abîmer ses jolies jambes de danseuse dans les montagnes du Yosemite où étaient filmés les extérieurs. La Paramount est revenue me chercher. J'ai adoré le tournage dans la Sierra Nevada avec Gary Cooper. Je suis tombée sous son charme d'entrée, j'en perdais tous mes moyens. Il était superbe, très gentil, doux, naturel, je le trouvais merveilleux. Et puis, pour une fois, je n'étais pas obligée de jouer à genoux pour paraître plus petite que mon partenaire. Tu sais que le pauvre Bogart dans *Casablanca* était juché sur des semelles de bois de dix centimètres fixées par des lanières à ses richelieus. Il était si inquiet que je dépasse son 1,73 m… Gary, avec son 1,90 m, n'avait pas besoin de grimper sur un marchepied, lui, pour affronter mon 1,75 m. C'était si agréable de le voir se pencher sur moi alors que d'ordinaire les hommes levaient les yeux pour croiser mon regard… On s'est beaucoup amusés en cet été 1942 dans ces montagnes, loin du bruit et de la fureur du monde. On vivait dans des cabanes en bois, on dormait dans des sacs de couchage et je n'avais pour tout costume qu'un pantalon d'homme retenu par une vieille ficelle et une grande chemise. Une simplicité jouissive.

À la sortie du film, les cheveux courts de Maria sont devenus à la mode. Mais je me suis fait coiffer sur le poteau pour l'Oscar, comme Gary, nominé pour le rôle de Robert Jordan. *Pour qui sonne le glas* s'est fait battre, Chim, par, tu te souviens ? *Casablanca*, eh oui ! Oscar du meilleur film, du meilleur réalisateur et du meilleur scénario, le film de Michael Curtiz a tout raflé. J'y étais un peu pour quelque chose, mais ça ne m'a pas consolée. Je n'avais pas gardé un souvenir impérissable du tournage. J'étais pressée de le terminer pour filer rejoindre celui de *Pour qui sonne le glas*. On ignorait tous comment l'histoire allait se conclure et je passais mon temps à me demander de qui Ilsa Lund était la plus éprise. Devais-je avoir l'air amoureuse de Bogart ou de Paul Henreid ? « On ne sait pas encore. Essaie de nous jouer ça entre les deux », me répondait

Curtiz avec son accent hongrois – encore un Hongrois, Chim… *Entre les deux*, facile à dire… Le pauvre, tout metteur en scène qu'il était, il n'en savait pas beaucoup plus que nous, la faute à Hal B. Wallis, le producteur, qui n'arrêtait pas de tout bouger. Lui-même était sous la pression du Bureau de liaison du ministère de la Guerre qui venait de s'installer à Hollywood et surveillait tous les scripts. Le cinéma devait participer à l'effort de guerre et à la mobilisation du pays.

Bogart essayait de rester calme. Il passait son temps dans sa loge à fumer ses sans filtre et à jouer aux échecs. Depuis six mois, il jouait par correspondance contre un gars de Brooklyn, m'avait-il expliqué. Il disputait aussi quelques parties contre Paul Henreid. Il était si concentré sur l'échiquier qu'Howard Koch, l'un des scénaristes, a eu l'idée d'introduire les échecs dans le film pour souligner le côté « sous contrôle » de Rick. Bogart m'évitait en dehors du plateau, peut-être pour ne pas nourrir la jalousie de son épouse, Mayo, qui lui cherchait des noises en permanence. Il m'intimidait comme une collégienne. Face à lui, je ne me sentais pas de taille. J'étais allée voir plusieurs fois *Le Faucon maltais* au cinéma sur Hollywood Boulevard pour tenter de mieux le saisir. Sans succès. J'ai eu beau embrasser Bogart sur le plateau, je n'ai jamais vraiment compris qui il était. Capa le connaissait mieux que moi…

Je suis donc arrivée à Paris, en juin 1945 avec mon Oscar. Meilleure actrice pour le rôle de Paula Alquis dans *Hantise* de Cukor, oui, je sais, Chim, encore un Hongrois… Je jouais le rôle d'une femme poussée au bord de la folie par son mari qui veut se débarrasser d'elle. Travailler avec Charles Boyer avait été un bonheur, il était charmant, un vrai Français, mais je m'étais beaucoup moins investie dans *Hantise* que dans *Pour qui sonne le* glas… À la sortie du Grauman's Chinese Theater où avait eu lieu la remise des Oscars, j'étais fière d'être reconnue par mes pairs, moi, « la grosse vache suédoise » moquée par le gratin à ma première arrivée en Californie, en 1939, le soir où les Selznick avaient organisé une réception chez eux pour me présenter au tout-Hollywood. « Ne soyez pas déprimée, nous avons tous débuté et, pour nous tous, cela a été dur », m'avait consolée un vieil homme en s'asseyant à mes côtés. C'était Ernst Lubitsch, je ne l'ai su que bien plus tard. Je n'avais rien compris à ce qu'il voulait dire, j'étais sourde aux babillages, si heureuse d'être parmi cet aréopage de stars : Clark Gable, Gary Cooper, Cary Grant, Claudette Colbert et tant d'autres… Ils daubaient sur moi et j'avais le sourire niais de celle qui se croit entourée de gens sympathiques. J'ai fini par les retourner, tous, sauf Hedy Lamarr qui ne m'a jamais pardonné d'avoir eu plus de succès dans *Casablanca* qu'elle dans *Casbah*. Depuis, elle ne cesse de cancaner sur moi. Elle raconte, paraît-il, qu'elle a refusé *Casablanca*, *Hantise* et *L'Intrigante de Saratoga* qui m'ont rendue célèbre ; elle prétend que je passais mon temps à tromper Petter. Parole d'experte, c'est une vraie nymphomane. Elle assure même avoir eu Capa dans son tableau de chasse…

– Ce qui, avec Bob, est possible…

– Oui, peut-être… Mais, peu importent les ragots, Chim, je me suis fait respecter à Hollywood par mon travail. Je me perdais dans le travail, toujours à fuir le moment où j'allais me retrouver chez moi. « Adieu, la liberté ! », me disais-je chaque fois que je prenais la route de Benedict Canyon pour rentrer à la maison.

« Tu ne devrais pas parler autant. Tu as un visage très intelligent, laisse croire aux gens que tu l'es. Quand tu te mets à parler, tu ne dis que des bêtises. Fais comme Garbo, reste silencieuse. » Petter avait le chic pour me mettre en confiance. Chaque fois que nous rentrions d'une soirée, j'avais droit à une leçon. Je pensais au début qu'il me sermonnait pour mon bien, mais plus il me harcelait, moins je le supportais. Il avait toujours quelque chose de négatif à pointer, une remarque à faire, un défaut à souligner. « Arrête de bouger les doigts quand tu parles, tiens-toi droite, ne fronce pas les sourcils, tu as une ride qui s'agrandit, ne penche pas la tête à gauche… »

Au début, je me disais qu'il était merveilleux d'être aussi attentif à moi, de vouloir le meilleur pour ma carrière, de me corriger en permanence afin que je m'améliore. Je me consolais en me souvenant de son voussoiement princier lors de notre première rencontre : « Quelle belle voix vous avez, j'aime les voix de basse. » Puis, petit à petit, je me suis habituée à ses reproches permanents et j'ai fini par le fuir. Je haïssais nos soirées où il me surveillait tout en dansant jusqu'à s'épuiser. Il adorait danser. Quand il s'interrompait, c'était pour me glisser : « Fais attention, tu en es à ton quatrième Martini ! » Je haïssais nos lendemains de fête. Je haïssais le dimanche au 1220 North Benedict Canyon Drive. La journée démarrait bien et puis l'angoisse me prenait, le vide s'imposait, j'étais envahie par le sentiment que le lundi ne viendrait pas, que je ne retournerais plus jamais au studio, que je demeurerais éternellement prisonnière du canyon. Et de Petter.

Hilhaven Lodge ressemblait un peu à un chalet tout en pierre et en bois de pin, sur les collines de Beverly Hills. Je l'appelais « la grange ». Le living avec sa grande cheminée avait la taille de deux granges. Le premier propriétaire, un certain Hopper, avait fait construire cette maison pour accueillir ses amis, puis il s'y était réfugié avec toute sa famille après la Grande Dépression et un revers de fortune. Dès que je pouvais, je m'échappais. Si c'était une journée sans tournage, je prétextais une visite chez nos voisins toujours charmants, les Renoir, Jean et Dido. Avec son physique de gros ours gentil, Jean me faisait rire en me racontant que son grand-père maternel était parti fonder une ferme dans le Dakota en 1865 et qu'il avait des cousins Peaux-Rouges : « Il y a si peu d'Américains à Los Angeles.

Ce sont tous des étrangers. Vous, chère Ingrid, moi, mon ami Stravinsky, Charlie Chaplin. Sans tous ces étrangers, Hollywood n'aurait pas de cinéma. » Jean souffrait de la rigidité des studios et il n'a pas apprécié que Darryl Zanuck, qui l'avait engagé à la Fox, dise à son propos : « Renoir a beaucoup de talents, mais il n'est pas des nôtres. » Moi, non plus, Chim, je n'étais pas des leurs…

Quand je ne m'arrêtais pas chez Dido pour croquer ses gâteaux brésiliens – qu'elle appelait des *brigadeiros* –, je traçais la route avec mon coupé Oldsmobile. J'adorais cette voiture, mon cheval de Troie pour recouvrer ma liberté. Sa couleur gris sale m'apaisait. Le ronflement de son moteur – un huit cylindres, m'avait dit le gardien – me réjouissait. L'odeur du cuir blanc me rassurait. Le tableau de bord en faux bois me ravissait. J'allumais la radio et je me sentais en sécurité. À l'abri des regards. Protégée de Petter et de ses sempiternelles critiques. Je ne m'habituais pas à vivre avec lui. Heureusement, la plupart du temps, nous ne faisions que nous croiser. Il était interne dans un hôpital de Los Angeles, il partait tôt et, moi, je me débrouillais pour rentrer tard des studios. En fait, nous n'avons jamais vraiment vécu ensemble. Nous nous sommes mariés en 1937. J'avais vingt et un ans, lui, trente. On s'était connus trois ans plus tôt. Il était beau, bon skieur, bon danseur. Il était dentiste, mais suivait des cours pour devenir neurochirurgien. J'étais à l'école d'art dramatique de Stockholm. Reçue je ne sais comment. J'étais montée sur scène pour le concours et le jury, sans me laisser le temps de démarrer mon monologue, m'avait aussitôt remerciée. Je pensais que c'était cuit. Mais non, j'avais été admise. J'avais montré une telle présence, paraît-il, que le jury n'avait pas éprouvé le besoin d'entendre ma voix. « Une artiste, ça se voit avant de s'entendre », dit Joséphine Baker.

Au bout d'un an, j'ai laissé tomber le conservatoire. Très vite le cinéma m'a happée et j'ai enchaîné les films. D'abord à Stockholm où je vivais seule dans un petit appartement du centre avec des rideaux rouges aux fenêtres. Je ne savais pas cuisiner, mais j'adorais briquer. Le ménage, ça a toujours été mon truc. Je ne savais pas faire grand-chose à part jouer la comédie. Je manquais de confiance en moi. Petter s'est vite chargé de tout. Peu de temps après notre mariage, je me suis retrouvée à Berlin pour des essais. Un soir, je descends dans le hall de l'hôtel et je tombe, interloquée, sur lui, caché derrière un journal : « J'ai compris combien tu devais te sentir seule ici sans personne, me lâcha-t-il en guise d'explication. Alors, à tout hasard, j'ai fait ma valise. Mais ne dis pas que je suis là. Je connais les gens de cinéma : ils n'aiment pas beaucoup les maris. Simplement, si tu as besoin de moi, je suis là. » Sur le moment, j'étais heureuse qu'il prenne soin de moi.

Il était mon mari et, depuis notre première rencontre, je ne cessais de lui demander conseil. Je ne me suis pas dit une seconde : « Tiens, bizarre, pourquoi ne m'a-t-il pas prévenue qu'il allait me rejoindre ? Voulait-il me surveiller sans que je le sache ? » Je n'ai pas pensé qu'en cherchant ainsi à se rendre indispensable, il me confortait surtout dans l'idée que j'étais incapable d'agir seule, que j'étais obligée de m'en remettre à lui pour tout décider. Il me rendait dépendante. Je n'étais pas une femme libre, mais sous tutelle. Et chaque fois que je cherchais à m'affranchir, j'avais mauvaise conscience. Il avait fait de moi une femme sous emprise. Coupable si je voulais exister par moi-même, si je prenais mes distances avec ce mari si prévenant, si attentif, si empressé, qui s'occupait de tout et du reste. Surtout du reste. Au point de rendre fou Selznick quand il s'est agi de renégocier mon contrat.

David m'avait fait venir à Hollywood en 1939 pour réaliser le remake d'*Intermezzo* que j'avais tourné à Stockholm, trois ans plus tôt. L'histoire d'un amour impossible entre une prof de piano et un violoniste célèbre, père de famille. La version originale avait eu son petit succès en Amérique et Selznick avait envoyé une émissaire en Suède pour me proposer une version américaine. Je savais qu'il avait produit *Une étoile est née* et qu'il était en train de terminer *Autant en emporte le vent*, qui lui donnait bien des soucis. J'ai signé pour un film avec un droit d'option pour un second. Quand je suis arrivée à Hollywood, Selznick a voulu que je change de nom, que je réduise mes sourcils, que je fasse arranger mes dents. J'ai dit non, tout de suite, à tout. Il a dû céder. Et il a transformé mon refus en argument promotionnel. Je suis ainsi devenue la « première actrice naturelle » de Hollywood. Une carte de visite des plus originales, n'est-ce pas, mon cher Chim ?

Petter a beaucoup insisté pour que je parte tourner en Amérique. Il m'aurait dit : « Ah non, tu n'y songes pas, on vient d'avoir un bébé » – Pia, notre fille, était née en septembre 1938 –, je n'y serais pas allée. Je ne décidais rien sans lui. Je gagnais l'argent du couple et il le gérait. Il le mettait de côté, insistait-il, pour quand nous serions vieux. Il s'inquiétait déjà du jour où je ne tournerais plus. Il n'arrêtait pas de guerroyer à propos de mon poids. Il me rêvait mince et filiforme, j'étais grande et j'avais des formes (65 kg pour 1,75 m). Une « grosse vache »… Il était obsédé par mon régime. À la maison, il me surveillait pour que je me nourrisse de jus de fruits, de légumes et de salade. Il ne comprenait pas pourquoi je ne maigrissais pas. En fait, j'avais dissimulé des biscuits dans ma chambre. Et la nuit, j'usais de ruses d'Indiennes pour atteindre le réfrigérateur. Du coup, je ne perdais pas un gramme. Ça le rendait fou. « Mais si je t'assure, je maigris », lui disais-je. Il ne me croyait pas. Un matin, il est allé chercher la balance dans la salle de bains et il m'a obligée à me peser devant lui. J'avais grossi. Il triomphait sans comprendre qu'il m'avait humiliée. Petter craignait que les studios me lâchent. Si je devenais trop grosse, qui aurait envie de me faire tourner ? Il aurait perdu sa poule aux œufs d'or.

Sa pingrerie finissait par se voir. *Elle fait très Gretchen, ne se maquillant pas. Elle ne porte pas de chapeau, mais quand vous la connaîtrez mieux, elle vous dira qu'elle en a acheté un, il y a deux ans ; en hiver, elle le retire de son armoire naphtalinée et l'accroche bien en évidence sur le portemanteau à gauche de l'entrée. Elle n'a pas encore osé le mettre*, écrivait de moi le *Hollywood Reporter.* Je passais pour une radine parce que je ne raffolais ni des visons, ni des bijoux, ni des robes. La vérité, c'est que je ne m'autorisais pas à dépenser. Un jour à New York, Jo Steele, mon attaché de presse, me convainc qu'il faut m'habiller pour une cérémonie où nous devions nous rendre le soir même. Je lui réponds que je n'ai rien à me mettre. « Pourquoi ? dit Jo. – Parce que je ne peux pas m'acheter d'habits, je n'ai pas d'argent… – Quoi ? Avec tout ce que vous gagnez, vous n'avez pas les moyens ? Mais c'est insensé ! On va arranger ça. » Il m'a emmenée sur la 5e Avenue, dans les plus belles boutiques de New York. Et je me suis lâchée.

Le soir, j'ai pris mon courage à deux mains et j'ai téléphoné à Petter pour lui demander de l'argent pour régler mes achats. « Qu'est-ce que tu vas faire de tous ces vêtements ? » Il était furieux.

Quand j'étais à la maison, je ne pensais qu'à en partir. Quand je n'y étais pas, j'avais du mal à rentrer. Jo Steele m'a rattrapée une nuit à une heure du matin alors que j'étais en train de marcher sous la pluie en plein Beverly Hills. J'étais trempée, j'étais sortie sans chapeau. Quand j'avais un coup de blues, je filais dans un drugstore et je m'achetais un hot fudge sundae : deux boules de glace vanille, du lait concentré, du chocolat chaud, de la crème Chantilly, une poignée de cacahuètes concassées et une cerise cocktail. Puis je marchais un peu et j'en achetais un deuxième. Puis je reprenais la voiture et je roulais jusqu'à Santa Monica. Je me promenais le long de Pacific Palissades en regardant l'océan. Et je rachetais une glace. J'adore les glaces. J'avais toujours besoin de prendre l'air. Petter, heureusement, m'a aidée à fuir sans le savoir en me poussant à participer à l'effort de guerre : « Tu devrais faire quelque chose. On a tellement de chance que la Suède ait été épargnée. » Il venait de me fournir un bon prétexte pour filer quand je ne tournais pas. Je me suis portée volontaire auprès du ministère de la Guerre et j'ai accepté toutes leurs propositions ou presque. D'abord, en 1943, un documentaire dans le Minnesota sur l'intégration des familles suédoises en Amérique. J'ai débarqué en février au Nicollet, le plus grand hôtel de Minneapolis, avec Pia, mon petit ange blond, Mabel, sa nounou noire, et Jo Steele, mon ange gardien, et je suis allée rendre visite à des fermiers d'origine suédoise. Un journaliste de *Look* me suivait et on s'est amusées à se rouler dans la neige fraîche avec Pia pour qu'il ait des photos pour son reportage. Afin de tromper l'ennui pendant les kilomètres de train, je m'amusais à descendre à chaque arrêt pour acheter à boire ou un sandwich sur le quai, et j'attendais le tout dernier instant alors que le train commençait à démarrer pour regrimper à bord. Ça rendait fou Jo Steele, qui craignait que je ne trébuche.

Je suis aussi allée rendre visite aux gars en Alaska à Noël 1943. Personne ne voulait se les geler, tous les volontaires cherchaient la bronzette dans le Pacifique Sud, mais moi j'imaginais les plages pleines d'insectes et de serpents. Comme je déteste les deux, je me suis dit que l'Alaska serait une parfaite destination. Problème, je n'étais pas une artiste de cabaret et je ne savais pas trop quoi faire pour divertir les soldats sur place. Pia m'a sortie d'affaire : « Maman, je vais te donner quelques-uns de mes jouets et tu leur distribueras pour qu'ils puissent s'amuser avec. » Je commençais comme ça. Je disais aux soldats que ma fille m'avait envoyée leur distribuer ses jouets. Ça les faisait rire et c'était gagné. On voyageait de garnison en garnison dans des petits avions et on se posait dans un désert blanc de neige sous des températures polaires. Dans les baraquements, en revanche, la chaleur était étouffante. J'y ai dansé le jitterbug au milieu de cinq cents gars. Ils appréciaient que je passe du temps avec eux plutôt qu'avec les galonnés. J'ai fini avec une pneumonie, mais j'ai multiplié jusqu'à plus soif ces tournées pour encourager la vente des bons du Trésor américain qui finançaient la guerre. À chaque fois, je partais la fleur au fusil, si contente de quitter le foyer familial. J'embrassais mari et enfant et, assise dans la limousine de location qui démarrait, je soupirais d'aise. *Here we go again !*

Petter ne s'inquiétait que d'une chose, que je ne dévore pas trop : « S'il vous plaît, surveillez ce qu'elle mange, ne l'encouragez pas, elle devient trop grosse », répétait-il à Jo Steele. Je ne le supportais plus. À Noël 1944, je lui ai proposé qu'on se sépare : « Ça t'embêterait si on divorçait ? – Mais pourquoi divorcerions-nous, on ne s'est jamais battus, jamais querellés », m'a-t-il répondu. Il paraissait si surpris. Il avait raison. On ne s'était jamais querellés parce que je savais qu'il était tout à fait inutile de se battre avec lui. Il était impossible de le faire changer d'avis, il était toujours persuadé de son bon droit. « Avant de faire quelque chose, je pèse le pour et le contre, je réfléchis, je pense, et quand j'agis, je sais exactement pourquoi. » Façon délicate de dresser en creux mon portrait de jeune gourde. Notre couple était un mirage. Benedict Canyon n'était qu'un décor pour dissimuler le fardeau d'une vie familiale que Pia à elle seule ne parvenait plus à sauver.

Le garçon d'étage du Ritz avait glissé une lettre sous ma porte.

*Sujet : Dîner. 28/6/45. Paris. France*

*Concerne : Miss Ingrid Bergman.*

*Il s'agit d'un effort communautaire. La communauté comprend Bob Capa et Irwin Shaw.*

*Nous avions le projet de vous envoyer des fleurs en même temps que ce billet par lequel nous vous invitons à dîner ce soir même... mais après consultation, nous nous sommes aperçus qu'il nous était possible de payer soit les fleurs, soit le dîner, mais pas les deux. Nous avons mis la question aux voix et le dîner l'a emporté de peu.*

*Il a été suggéré que si le dîner ne vous intéressait pas, on pourrait toujours vous envoyer des fleurs. Mais, sur ce point, aucune décision n'a encore été prise.*

*Outre des fleurs, nous avons un tas de qualités douteuses.*

*Si nous en écrivons davantage, il ne restera plus rien pour la conversation, car en matière de charme, nos ressources sont limitées.*

*Nous vous téléphonerons à 18 h 15*

*Nous ne dormons pas.*

*Signé : Les inquiets*

Quel talent ! Je n'ai pas réfléchi une seconde. Bien sûr que j'allais descendre dîner avec ces deux-là ! J'étais si heureuse de retrouver Paris, sept ans après mon dernier séjour. Paris si romantique, si pittoresque, synonyme d'aventure et de liberté. À l'été 1938, nous avions fait un tour d'Europe en voiture avec Petter, et j'avais adoré notre étape parisienne. J'aurais tant aimé demeurer dans cette ville, m'y fondre. Voilà qu'à peine revenue, l'inattendu sonnait à ma porte. Être invitée à dîner par deux inconnus, pas dénués d'humour, quel signe du destin ! J'avais justement quartier libre pour la soirée, nous partions à l'aube le lendemain pour Berlin, je n'allais pas passer ma première nuit parisienne à dormir. La vie est trop courte.

« Vous m'avez promis de m'emmener dîner. J'espère que vous avez assez d'argent parce que je suis affamée ! » Tu les aurais vus, Chim, j'étais plantée devant eux et leur air estomaqué me ravissait. Je m'étais renseignée sur la moralité des deux épistoliers, dont le nom me disait vaguement quelque chose. Deux habitués, m'avait expliqué le concierge, deux hommes très bien, deux correspondants de guerre américains. Rien d'étonnant à cela, le Ritz en était plein, c'était même l'un de leurs quartiers généraux depuis qu'Hemingway, dix mois plus tôt, s'était présenté devant le portier de l'hôtel avec sa petite milice personnelle, une mitraillette anglaise à la main : « Je viens libérer le Ritz. » Il avait surtout ouvert le bar pour laisser couler à flots champagne et Martini qui n'avaient jamais manqué place Vendôme pendant l'Occupation, paraît-il. Les Allemands étaient déjà partis quand l'écrivain est arrivé. Hemingway avait réquisitionné une suite en souvenir des années 20 et Capa l'avait rejoint le soir.

Au Ritz, tu le sais Chim, Bob préférait le charme discret du Lancaster, où il s'était installé après la Libération dans une chambre de bonne, mais, ce soir-là, il était bien assis dans un fauteuil au fond de la réception avec Irwin Shaw, un soldat de l'équipe de George Stevens, le patron de l'unité cinéma de l'armée américaine, la Special Motion Picture Coverage. Cary Grant avait tourné avec Stevens et m'avait parlé du bonhomme. Je savais qu'il avait quitté Hollywood pour s'engager et qu'il avait filmé le débarquement de Normandie, la libération de Paris et continué jusqu'en Allemagne. La mine ébaubie de la puissance invitante était un ravissement. J'avais enfilé une robe de soirée noire et piqué une fleur rouge dans mes cheveux. Je ne sais pas ce qui leur a fait le plus d'effet, de la fleur ou de la robe, mais ils se sont levés comme un seul homme avec l'air de deux enfants espiègles quand je suis arrivée devant eux : « Miss Bergman, merci d'avoir accepté notre invitation. Quel honneur vous nous faites, a dit le plus petit dans un anglais empreint d'un fort accent d'Europe centrale. Je me présente : Robert Capa, photographe, et mon ami Irwin Shaw, le meilleur scénariste de l'armée américaine, un grand romancier d'avenir. – Enchantée. Ingrid Bergman, comédienne en tournée pour le théâtre des Armées. » Ils ne m'ont même pas proposé de m'asseoir. Ils ont pris ma main et m'ont entraînée vers la sortie de l'hôtel. Je me suis dit qu'ils craignaient peut-être que leurs confrères nous rejoignent… « Au Fouquet's ! » a lancé Capa au taxi. Nous avons traversé la place de la Concorde et remonté les Champs-Élysées. Rien n'avait changé, sinon le flot de voitures moins dense, remplacé par d'innombrables vélos et des véhicules militaires.

Capa fut accueilli comme un habitué et désigna une table, un peu à l'écart. Il commanda du champagne sans me demander ce que je voulais boire. Il avait de la chance, le champagne m'allait très bien…

– Nous sommes si heureux que vous ayez accepté notre invitation, miss Bergman, nous tenions à vous féliciter pour votre Oscar. Malheureusement, nous n'avons pas encore pu voir votre film. Il n'a pas été projeté à Paris, mais cela ne va pas nous empêcher de fêter votre couronnement, dit Capa.

– Mon couronnement ? Vous y allez fort. C'est ce que vous appréciez chez moi, que j'ai eu un Oscar ?

– Pas du tout.

– Si je n'avais pas eu d'Oscar, m'auriez-vous invitée à dîner ?

– Bien sûr que oui.

– Si les photographes n'avaient pas immortalisé mon arrivée à Paris, je suis sûre que vous n'y auriez même pas songé.

– Mais si, poursuivit Irwin Shaw. En fait, nous vous devons la vérité. Nous cherchions des amies pour dîner avec nous, mais aucune n'a répondu au téléphone et celles qui ont décroché étaient déjà prises. Nous étions désespérés, au point de songer à dîner en tête à tête, quand soudain vous avez traversé le hall de l'hôtel, si belle, si lumineuse. C'était un miracle, un signe du ciel. Vous connaissez la phrase prêtée à Paul Éluard : "Il n'y a pas de hasard, que des rendez-vous." Le destin nous a donné rendez-vous.

– Surtout, c'est moi qui ai dit à Irwin : "Invitons Ingrid Bergman. Elle vient de prendre l'ascenseur", reprit Capa. "Tu es complètement dingue, il me répond : et comment la joindre d'ailleurs ?" "Rien de plus simple. On va lui envoyer un mot. Le pire qui peut nous arriver, c'est qu'elle le déchire."

– Donc on a pris du papier à lettres à en-tête du Ritz et on a gribouillé notre bafouille.

– Si je comprends bien, je suis votre bouche-trou, c'est ça ? Vous vouliez dîner avec une star d'Hollywood parce que vous n'aviez plus de fille libre sur votre carnet de bal…

– Mais non, pas du tout.

– Comment ça, "pas du tout" ? Vous ne rêviez pas de dîner avec moi ? Dites-moi, comment vous vous imaginez ça, une star d'Hollywood ? Vous savez que je suis juste unc petite actrice suédoise qui part demain pour l'Allemagne rendre visite aux soldats américains qui ont gagné la guerre et meurent d'envie de rentrer chez eux ?

– Je les ai quittés il y a quelques semaines à Leipzig, ils ont bien besoin de vous, en effet, glissa Capa.

Je ne savais pas s'il était ironique ou non. J'avais encore dans les oreilles la sortie de Marlene Dietrich, croisée l'après-midi au Ritz, et qui avait sonné comme un reproche : « C'est maintenant que vous venez, maintenant que la guerre est finie ? »

– J'ai vu Marlene Dietrich tout à l'heure dans les salons du Ritz. Pourquoi ne l'avez-vous pas invitée, elle, plutôt que moi ?

– Nous l'adorons, nous sommes de vieux amis, répondit Irwin. Le lendemain de la libération de Paris, elle a convaincu le planton de la police militaire en faction à l'entrée du Ritz de me laisser entrer. Sans elle, je serais encore à traîner place Vendôme. Elle a poussé la gentillesse jusqu'à m'inviter dans son bain. Le Ritz était alors le seul endroit de Paris où il y avait de l'eau chaude. J'ai pris un bain délicieux et puis nous sommes partis, elle, moi et Jo Liebling, vous connaissez Jo ? C'est le correspondant du *New Yorker* et il adore la cuisine. Il a un sacré coup de fourchette, croyez-moi. Il nous a trouvé un de ses restaurants préférés Porte Saint-Martin. Le menu et les vins étaient exceptionnels, surtout pour un gars comme moi qui, depuis des semaines, ne mangeait que des putains de rations. Merci le marché noir, nous avons dîné comme si le rationnement n'existait pas. Le *New Yorker* régalait et on ne s'est pas privés. Marlene nous a gratifiés au café de quelques chansons de son répertoire à voix basse. Elle était chic dans son uniforme de capitaine de l'United Service Organizations. Vous savez pourquoi elle a ce grade de capitaine ? Si elle était tombée dans les mains de l'ennemi, elle aurait ainsi bénéficié du traitement de faveur réservé aux officiers. Elle nous a fait rire en nous racontant comment elle était entrée sur scène à Alger, le premier soir de sa tournée au théâtre des Armées. Danny Thomas, un artiste de music-hall, l'aidait pour ses numéros. Il arrive sur scène avec une tête d'enterrement : "Désolé les gars, nous attendions Marlene Dietrich, mais elle a été réquisitionnée par… un général américain." Les soldats dans la salle sifflent, lancent leurs plus belles injures et quand le brouhaha est à son comble, Marlene surgit du fond de la salle, la traverse au pas de charge avec son uniforme déboutonné. Elle monte sur scène, s'abrite derrière un paravent pour en ressurgir avec un lamé à paillettes moulant : "Désolée les gars, j'ai failli vous faire attendre." La salle était à ses pieds avant même qu'elle ne commence à chanter avec sa scie musicale sur les genoux.

– Quelle classe, cette femme ! Je lui ai dit tout à l'heure que j'allais à Berlin et elle m'a répondu :

"J'espère que vous aurez de l'eau car moi à Munich, il y a un mois, j'ai dû me laver les cheveux avec du pétrole dans un casque de soldat. Vous pensez qu'il y a de nouveau de l'eau en Allemagne ?"

– Trinquons, dit Capa. À Marlene, à la fin de la guerre, à votre Oscar, à la joie que vous nous faites en acceptant de dîner avec nous. À cette jolie rose que vous avez dans les cheveux. Où l'avez-vous trouvée ?

– Ma chambre est pleine de fleurs, monsieur Capa.

– Nous avons bien fait de ne pas vous envoyer de bouquet. Vous auriez croulé sous les pétales.

– Maintenant, ça me revient. J'ai lu dans *Life* un reportage sur "le dernier homme tué pendant la guerre" à Leipzig. Très impressionnant. C'était vous l'auteur ?

– Le pauvre Sergent Bowman s'est fait tirer dessus alors qu'il montait une mitrailleuse lourde sur un balcon pour protéger l'infanterie qui devait prendre un pont. Il a reçu une balle en plein front au moment où j'appuyais sur le déclencheur. Une mort très propre, en quelque sorte très belle, et c'est l'image la plus marquante qui me restera, je pense, de la guerre. Il y a eu beaucoup de derniers hommes tués dans ce conflit, miss Bergman, mais là où j'étais, ce fut lui le dernier. Mais ne nous laissons pas abattre, la guerre est terminée. Allons, trinquons au dernier tué et à tous les vivants !

– Monsieur Capa, faites-moi plaisir, ne m'appelez plus miss Bergman, Ingrid suffira.

– Très bien Ingrid, appelez-moi Capa.

Et il éclata de rire.

– À Ingrid et Bob, dit Irwin Shaw en levant sa coupe.

– *Cheers !*

Après le champagne du Fouquet's, on est partis dîner chez Maxim's, rue Royale. Là aussi, Capa donnait l'impression de connaître tout le monde.

Beaucoup de gens le saluaient de loin. On a continué au champagne et plus le repas avançait, plus je me sentais heureuse en sa compagnie. Capa était plein d'humour, souvent ironique, mais jamais cruel, toujours une nouvelle anecdote en bouche quand un silence menaçait de s'installer entre deux bouteilles bien frappées :

– Vous savez comment nous nous sommes rencontrés avec Irwin ? Dans un bar de Greenwich Village en 1940…

– Je l'ai immédiatement reconnu avec ses sourcils épais, ses grands yeux noirs, son regard roublard comme un gamin napolitain, sa bouche moqueuse avec son éternelle cigarette posée sur sa lèvre inférieure. Capa était déjà mondialement célèbre, vous savez, c'était le plus grand photographe de la guerre d'Espagne, un grand photographe de *Life*. Il était dans ce bar avec une jolie fille et il était déjà fauché, comme aujourd'hui, méfiez-vous de lui.

– Irwin est comme tous les écrivains, il brode, il exagère, il caricature. Ne croyez rien de ce qu'il vous raconte.

– Je ne raconte que la vérité vraie, je n'ai pas une once d'imagination. Quand je l'ai rencontré à New York, il était sur le point d'être expulsé.

– J'avais beau travailler pour *Life*, les services de l'immigration ne voulaient pas prolonger mon visa.

– Je me souviens, c'était le 27 mars 1940, on était allés à une soirée et là, Capa nous dit que c'est sa soirée d'adieu, qu'il va devoir quitter le pays. Une magnifique jeune femme, grande, brune s'est alors levée et a proposé de l'épouser illico. Les deux sont allés se marier le lendemain matin dans le Maryland avec un couple de photographes de *Life*. C'est ça, Capa. Derrière son regard de velours et son sourire charmeur se cache un serial tombeur !

– Pas du tout. Cette jeune femme n'a pas du tout agi sur un coup de tête. Elle a juste voulu me rendre service en véritable amie. Nous avions été présentés deux mois plus tôt. Toni Sorel jouait les modèles pour *Vogue* et *Harper's Bazaar* et nous nous étions vus quelques fois, en tout bien tout honneur, bien sûr. Notre mariage avec Madame Sorel n'a d'ailleurs jamais été consommé, si vous voulez tout savoir.

– Il paraît même qu'elle n'a pas voulu t'embrasser après la cérémonie et que tu as fait la tête, rigola Shaw.
– Je retiens, monsieur Capa, que vous êtes marié et n'êtes donc pas un cœur à prendre.

La conversation était facile, comme si on se connaissait tous les trois depuis des lustres.

– Vous savez que j'ai failli être votre partenaire dans *Pour qui sonne le glas* ? reprit Capa.
– Non, vraiment ? Vous deviez avoir le rôle de Gary Cooper ?
– Vous vous moquez de moi, ce n'est pas très charitable… Non, quand il a vendu les droits de son livre à la Paramount pour cent quinze mille dollars en 1940, une belle somme, Hemingway m'avait promis le rôle du gitan, Rafael.
– Vous connaissez Hemingway ?
– Je l'ai rencontré pendant la guerre d'Espagne en avril 1937 à Madrid. Je l'ai croisé à l'hôtel Florida où il était descendu. J'étais un jeune photographe de rien du tout et lui un écrivain célèbre qui n'hésitait pas à mettre les mains dans le cambouis, à risquer sa vie sur la ligne de front. On s'est tout de suite bien entendus. Pour moquer son grand âge – il avait trente-sept ans, j'en avais vingt-trois –, je l'appelais "Papa"…

– Vingt-trois ans… Vous avez donc… deux ans de plus que moi. Vous faites pourtant beaucoup plus âgé… Et pourquoi ne l'avez-vous pas eu, ce rôle ?

– Parce que Sam Wood, le réalisateur et producteur du film, que vous connaissez, n'aime pas trop les métèques de mon genre qui ont pris fait et cause pour les Républicains espagnols. Il est très anticommuniste et il a préféré prendre un Russe blanc. Mikhaïl Rasumny a hérité de mon rôle. Je ne lui en veux pas, si j'étais devenu une star du grand écran, je n'aurais pas pu faire trempette sur les plages normandes, l'été dernier… Et vous, comment êtes-vous devenue Maria ?

Je lui racontai mon déjeuner à San Francisco avec Hemingway :

– Vous avez eu de ses nouvelles, récemment ?

– “Papa” est rentré au pays, il a attrapé une pneumonie pendant la bataille des Ardennes. Il est un peu remonté contre moi, en ce moment. Il pense que je lui porte la poisse.

– Ah bon ? Et pourquoi ?

– Quand il est arrivé à Londres, l'an dernier, juste avant le débarquement, j'étais si content de le retrouver que j'avais organisé une petite fête en son honneur dans l'appartement que j'occupais alors. Dans un grand bocal à poissons, j'avais mélangé champagne, cognac et pêches. Le mélange a eu un grand succès et tout est vite parti, ainsi que le whisky et le gin que je gardais dans mes placards au cas où. À quatre heures du matin, il n'y avait plus de cas où et plus rien à boire du tout, sinon l'eau du robinet. C'est alors qu'un docteur a proposé à “Papa” de le ramener à son hôtel en auto. Pas de chance, le toubib a embouti sur le chemin du retour une citerne d'eau… comme quoi l'eau peut être dangereuse, je l'ai toujours dit ! “Papa” s'est retrouvé à l'hôpital avec quarante-huit points de suture sur le crâne. Et un turban digne d'un grand maharaja. Je l'ai immortalisé avec les fesses à l'air dans sa chambre d'hôpital. La photo n'a jamais été publiée dans *Life*, je ne comprends pas pourquoi, il a pourtant des fesses magnifiques…

– Vous n'y étiez pour rien si le docteur a eu un accident…

– Certes non, mais il faut toujours se méfier de la médecine quand on est bien portant. Comme dit l'autre : “Toubib or not toubib, that's is the question.” Après le débarquement, autre accrochage avec Papa. Il avait pris son temps et n'a débarqué que le 18 juillet à Utah Beach avec la 3$^{e}$ armée de Patton. On s'est retrouvés à Granville. Il avait déjà sa petite troupe à lui. Un cuisinier, un chauffeur, un lieutenant pour ses relations publiques, des caisses de whisky écossais et beaucoup d'armes américaines et allemandes, alors qu'il était interdit à tout correspondant de guerre d'en détenir. C'est avec cette petite armée qu'il a investi le Ritz. À Granville donc, il envoie une Mercedes volée à l'ennemi pour me chercher et me proposer d'aller photographier sa prise de Saint-Pois. La 4e division d'infanterie américaine du général Barton était censée attaquer la ville par le flanc gauche, le 5 août, mais lui pensait que sa mini-troupe pouvait la devancer en entrant par le flanc droit. "Papa" voulait absolument libérer quelque chose à lui tout seul. Péché d'orgueil. Je ne le sentais pas. Je sais d'expérience qu'un bon correspondant de guerre est un correspondant vivant. Et qu'il doit pour ça rester loin derrière les soldats et ne jamais s'aventurer en terre hostile par des chemins de traverse. Je m'en suis toujours tenu à ce principe et je l'ai dit à Hemingway. Il l'a mal pris et m'a répondu que si j'avais peur, je pouvais rester derrière. Et il a filé avec son side-car rempli de whisky. Quand il est arrivé au dernier virage avant le village, un obus de Panzer a explosé, le pilote de la moto a pilé et "Papa" s'est retrouvé le cul en l'air dans un fossé. Pendant un bon moment, il a essuyé des tirs allemands sans pouvoir bouger, jusqu'à ce que l'attaque des gars de la 4e division sur le flanc gauche de Saint-Pois finisse par faire son effet. Hemingway était furieux. Il m'a accusé de l'avoir laissé dans le fossé pour pouvoir prendre la première photo de son cadavre d'écrivain célèbre. Ça a jeté un froid entre nous, même si on s'est réconciliés au Mont Saint-Michel, deux jours plus tard, devant une omelette de la mère Poulard. Fameuse, l'omelette !

– Vous n'êtes plus fâchés alors ?

– Encore un peu. Il sait que je suis resté en bons termes avec Martha, Martha Gellhorn, vous la connaissez ?

– Oui, bien sûr, j'ai déjeuné avec elle à San Francisco et nous étions sur le même paquebot pour l'Amérique en 1940.

– Une sacrée bonne femme. Un vrai reporter en dépit de son accent pincé de la côte Est. Nous nous sommes rencontrés sur le front espagnol, c'est là où elle est tombée amoureuse d'Hemingway qu'elle avait déjà croisé à Key West. Elle n'a peur de rien, même si elle est un peu naïve. C'est moi, cet hiver, qui lui ai appris que "Papa" était avec Mary Welsh, une journaliste de *Time*, une fille sympa au demeurant. Elle ne me croyait pas, alors je lui ai dit qu'elle n'avait qu'à appeler le Ritz et demander à parler à Mary. Et, devinez quoi, c'est "Papa" qui a décroché. Pas de chance pour lui, Martha a profité de l'aubaine pour lui réclamer le divorce dont il ne voulait pas entendre parler. Il paraît qu'il refuse toujours de lui renvoyer les affaires qu'elle a laissées à la Finca Vigia, leur maison de La Havane. Sacré "Papa"… Il n'a jamais supporté qu'elle ne veuille pas arrêter de travailler pour lui servir la soupe, qu'elle soit son égale en journalisme et qu'il doive courir derrière elle comme un toutou jusqu'en Chine. Imaginez que pour se venger, il est allé jusqu'à lui piquer sa place de correspondant de guerre à *Collier's*, le journal où elle bossait ! La belle Martha a du chien. Il a eu beau lui faire ce vilain croc-en-jambe, elle a trouvé le moyen de débarquer en Normandie bien avant lui. Elle est montée à bord d'un navire-hôpital et s'est fait passer pour une infirmière. Et vous savez comment elle est arrivée à Londres ? Comme il n'y avait plus de place pour elle dans l'avion qui acheminait les correspondants de guerre, elle a embarqué dans un convoi de transport de munitions qui traversait l'Atlantique en dix-sept jours. Elle était la seule civile dans cette poudrière flottante dont raffolaient les sous-marins allemands. Elle ne pardonnera jamais à Hemingway ses innombrables petites bassesses.

– Et elle a bien raison, me semble-t-il.

– Allez, champagne ! Buvons à la santé de "Papa" et de Martha, à la santé de tous les amoureux qui se déchirent et de tous les amours qui se délitent. Au fait, Mary Welsh, tu l'as bien connue Irwin, non ? Le général McClure m'a dit que vous étiez très intimes.

– Très drôle. Capa me taquine parce que j'ai eu le malheur de lui raconter qu'une nuit, alors que je dormais dans le penthouse de Mary sur Grosvenor Square – personne ne voulait alors de ces appartements terrasses par crainte des bombardements allemands, et leur loyer était très modéré –, quelqu'un est venu frapper à la porte comme un forcené. C'était le général McClure, un amant de Mary. Il pensait la trouver seule. Elle a dû se lever pour lui dire qu'elle dormait et qu'elle ne voulait pas de lui, ce soir-là. Si le général m'avait trouvé, moi, simple troufion dans le lit de sa maîtresse, je ne donnais pas cher de mon avancement.

– Mary ne se trompe jamais sur les hommes, elle a toujours dit que tu étais le meilleur coup de toute l'Europe, libérée ou occupée, et elle n'était pas la seule à le penser. Mais, je ne sais pas si elle l'a dit à Hemingway quand tu les as présentés l'un à l'autre...

– En tout cas, ce salopard a vite pris ses aises. J'avais à peine terminé les présentations au cours d'un déjeuner au White Tower que j'ai dit adieu à Mary : "Eh bien, ma chère, content de t'avoir connue, lui ai-je lancé à la fin du repas. – Tu pars quelque part ? me demanda-t-elle – Tu n'as pas compris qu'un monopole vient de naître ?" Et, de fait, le monopole Hemingway s'est vite imposé. Après notre déjeuner, Mary l'a croisé au Dorchester où Charles Wertenbaker, un autre journaliste de *Time*, régalait dans sa suite. Le pauvre "Papa" était bien éméché et quand Mary est partie, il lui a glissé qu'il viendrait lui rendre visite chez elle un peu plus tard. Et il s'est exécuté, le bougre. Il s'est assis sur son lit et a commencé à lui raconter ses souvenirs d'enfance. Et puis, il lui a dit : "Je ne te connais pas Mary, mais je veux t'épouser." Résultat, ils vont bientôt se passer l'anneau aux doigts, paraît-il.

– Pauvre Mary… Trinquons aux deux tourtereaux. Et comment va mon ami Gary Cooper ? reprit Capa. Vous savez qu'on a chassé ensemble à Sun Valley en 1941 ?

Nous sommes partis danser à Montmartre. C'était si bon quand il me serrait contre lui sur la piste. Ce Hongrois drôle et charmeur, au regard aussi noir que ses sourcils, plaisait bien à la petite Suédoise que j'étais. Au point que j'ai accepté de payer quelques additions. Quand j'ai croisé Capa, le lendemain alors que j'étais sur le départ, il s'est excusé :

– On a eu beaucoup de scrupules avec Irwin à vous laisser payer. Qu'avez-vous pensé quand vous avez vu la note ?

– J'ai pensé que je voulais voir Paris et bien m'amuser avant de partir en Allemagne. Si vous aviez été ennuyeux, je vous aurais laissé la facture.

Notre petite troupe du théâtre des Armées a débarqué en Bavière. Avec moi, il y avait Jack Benny, l'un des hommes les plus drôles que j'aie jamais rencontrés. Tu le connais, Chim ? Il est irrésistible dans *To Be or Not to B*e. Il rigolait parce que dans la bande-annonce du film, on le qualifiait de « Casanova de la radio ». « C'est dire si je suis photogénique », souriait-il. Il avait des plaisanteries dans toutes les poches et il les distribuait avec générosité, comme des bonbons aux enfants un soir d'Halloween. Il m'avait accueillie par un tonitruant : « Chère Ingrid, connaissez-vous cette blague de mon ami Groucho Marx ? Une femme l'aborde dans une réception alors qu'il est en grande discussion et lui lance : "Oh ! J'adore Greta Garbo. – Oui, ça vaut mieux que de gratter Bogart", répond-il. Je n'ai pas résisté à vous la raconter, vous qui avez joué avec Bogart et êtes une compatriote de Garbo… »

Benny aimait me parler de ses premières années sur scène quand, tout jeunot, il jouait du violon avec les

Marx Brothers. On avait monté tous les deux une parodie de *Hantise* qui nous faisait plus rire que les G.I. qui, souvent, n'avaient pas vu le film de Cukor et à qui échappaient beaucoup de nos subtilités. Avec Martha Tilton, on chantait. Elle avait un swing incroyable, avait été formée à l'école du grand orchestre de Benny Goodman. Elle était une habituée des tournées de Jack Benny dans les camps d'entraînement de l'armée américaine. Larry Adler, lui, était capable de jouer n'importe quelle symphonie sur son harmonica. C'était un musicien extraordinaire et il soulevait une salle en moins de deux avec son petit instrument. On s'est très vite bien entendus avec Larry, qui avait le béguin pour moi, et je n'y étais pas indifférente. Chaque soir, on donnait une représentation dans des endroits différents. On jouait, puis on prenait un verre avec les soldats et, parfois, je dansais avec certains. Au grand déplaisir des officiers qui rêvaient de ne m'avoir que pour eux. On se déplaçait dans de grosses voitures noires. Un jour, à un barrage routier, une sentinelle crie un ordre et notre chauffeur accélère sans avoir rien compris. On entend une détonation et Larry à côté de moi s'effondre : « On m'a tué ! » Je prends le mort encore vivant dans mes bras, je le serre contre moi. « Tu diras adieu à ma femme et à mes enfants. – Bien sûr, Larry, bien sûr, mais tu ne vas pas mourir, on va te sortir de là, ne crains rien. » Il gémissait comme un chiot écrasé. Je regarde son dos et je ne vois aucune blessure. Rien, pas de saignement, pas de trou. Je lui retire sa veste. Rien. Notre véhicule s'était arrêté et tout le convoi avec. On descend de voiture. On inspecte le siège et on finit par trouver une balle dans le dossier. Elle avait cassé un ressort, lequel avait piqué au vif mon harmoniciste préféré. Il ne faut jamais enterrer les dossiers, ils peuvent sauver des vies.

Capa m'a retrouvée à Berlin. « Par hasard », m'a-t-il dit. Tu crois au hasard, Chim ? Je me souviens avoir imaginé avec plaisir qu'il était venu jusque-là pour moi. Il arrivait du nord de l'Allemagne. *Life* l'avait envoyé photographier une ferme d'élevage de bébés aryens. Pour maintenir le taux de natalité du Reich, les nazis encourageaient les SS à avoir des enfants avec des reproductrices de premier choix. Les super-bébés étaient de glorieux bâtards aux yeux bleus et aux cheveux blonds, gavés comme des oies. Capa avait mis du temps avant de quitter Paris pour honorer la commande. Il détestait ce reportage. En fait, me confia-t-il, il n'arrivait plus à décoller. Il était fatigué de photographier les horreurs de Hitler. En avril déjà, il avait refusé de se joindre à la meute de photographes qui avaient couvert la libération du camp de concentration de Bergen-Belsen. Il avait laissé ses confrères y aller, lui ne voulait pas ajouter une nouvelle image aux atrocités. J'ai refusé moi aussi d'aller visiter les camps.

Le général Eisenhower, que nous avions rencontré avec toute notre petite troupe, nous avait pourtant encouragés à nous y rendre : « C'est quelque chose qu'il faut absolument voir », disait-il. J'ai préféré m'abstenir et grand bien m'a pris. Car, à son retour, mes amis étaient hagards. Aucun ne parlait. J'imaginais les visions que tous avaient désormais imprimées dans leur cerveau. Celles justement que je ne voulais pas voir car elles sont si puissantes qu'elles ne vous lâchent jamais, elles vous empêchent de vivre. Je comprenais aussi qu'au bout de cinq années de guerre, Capa avait enregistré tant d'images insoutenables qu'il ne pouvait plus en absorber davantage.

Berlin n'était que ruines, maisons éventrées, gravats, rues défoncées. Tu le sais mieux que quiconque, Chim, toi qui expertisais les photos des bombardements alliés pour l'armée américaine.

– Oui, il y a eu trois cent quatorze raids aériens sur Berlin. Ils ont eu raison du centre-ville et de beaucoup d'autres quartiers. Une bonne partie de la population a fui, plusieurs dizaines de milliers de civils ont été tués sous les bombes…

– J'accompagnais Capa qui photographiait les vestiges et le marché noir florissant. Les pauvres Berlinois échangeaient leurs derniers biens de valeur contre un peu de nourriture et des cigarettes. Les soldats russes étaient fous de montres américaines. Ils couraient après les montres Mickey que portaient les G.I. Elles coûtaient à peine quatre dollars aux États-Unis et ils les achetaient une fortune. Capa m'amusait. Il imaginait faire venir des milliers de montres pour les revendre aux Russes et gagner ainsi de l'argent. Je crois que, rentré à Paris, il a essayé de lancer le business, mais c'était trop tard, les Russes ne s'intéressaient plus aux montres Mickey... Je ne reconnaissais rien de la ville que j'avais arpentée au printemps 1938. Je t'avoue, Chim, et je n'en suis pas très fière, que j'avais signé un contrat pour tourner deux films dans les studios de Neubabelsberg dans la banlieue de Berlin. Ernst Lubitsch, Fritz Lang, Sternberg, Murnau, Pabst, de vraies pointures avaient travaillé sur ces plateaux, mais, depuis 1933, seuls les Aryens pouvaient s'y produire. Les meilleurs scénaristes, réalisateurs, décorateurs avaient tous fui à Hollywood.

– Les pessimistes dont parle Billy Wilder, qui profitent aujourd'hui de leurs piscines à Beverly Hills quand les optimistes, eux, sont restés et ont fini à Auschwitz. J'aime le cynisme de Wilder...

– J'ai dîné avec lui en 1949 à Hollywood avec Rossellini qui cherchait de l'argent pour produire *Stromboli*. Je l'ai revu à Rome, il y a deux, trois ans. Il est si caustique. *Boulevard du crépuscule* raconte si bien l'hypocrisie des studios. On a parlé pendant des heures du puritanisme américain, Wilder est d'une férocité et d'une lucidité sans égales. Lui aussi a travaillé dans les studios de Neubabelsberg, mais il s'est vite réfugié à Paris. Il n'y avait que moi pour arriver à Berlin en 1938, la fleur au fusil. Goebbels, selon son bon vouloir, permettait à quelques artistes non allemands de travailler. J'étais l'une de ceux-là. J'avais signé pour *Quatre Filles courageuses* – l'histoire de quatre femmes qui ont monté une agence de publicité et ont des soucis avec les hommes – sans bien mesurer où je mettais les pieds. Une oie blanche, inconsciente, largement ignorante de la politique mondiale. L'Allemagne était surtout une destination naturelle pour moi. Ma mère, morte quand j'avais trois ans, était allemande, la famille de ma mère était allemande, ma tante Mutti, ma mère de substitution, vivait à Hambourg, l'allemand était ma seconde langue et le cinéma allemand avait une longue histoire. Pourquoi ne pas quitter ma Suède natale pour tourner à Berlin avant que l'Amérique ne m'ouvre ses portes ? Petter, comme toujours, avait tout négocié pour moi. Mais à peine débarquée dans la capitale du Reich, j'ai vite compris dans quoi je m'étais fourrée. Carl Fröhlich, le réalisateur, m'a demandé de faire le salut nazi dans les réceptions où il m'emmènerait et il m'a prévenue : « Si Goebbels t'invite à prendre le thé, pas question de refuser ou nous aurions de graves ennuis. » Je ne comprenais pas, j'étais une actrice suédoise, pas une citoyenne allemande. Mais mes partenaires m'ont vite déniaisée, ils étaient tous très inquiets : « Des gens disparaissent tous les jours. En protestant, nous mettons en danger nos vies et celles de nos parents, de nos amis. Des tas de gens sont emmenés dans des camps, après, on ne sait plus rien d'eux. » Des camps, quels camps ? L'oie blanche commençait à prendre conscience que l'Allemagne n'était plus un pays où faire du cinéma. Heureusement, Goebbels ne m'a jamais invitée à prendre le thé.

En marchant dans Berlin avec Capa, nous sommes tombés sur une baignoire en morceaux dans une rue pleine de gravats. « Génial, me dit-il, on va prendre une photo sensationnelle. Ça va être un scoop mondial. La première photo de la star Ingrid Bergman dans une baignoire… Qu'en penses-tu ? Tu sais que j'adore les baignoires. J'y passe des heures tous les matins, j'y lis mon journal et, parfois, il m'arrive même d'y recevoir mes amis. Il n'y a pas meilleur endroit pour s'immerger dans une conversation. Marat était comme moi, mais il a mal fini. » Avec mon trench et un foulard sur la tête, j'entrai dans son jeu et m'allongeai dans ce qui restait de la baignoire. Il fit plusieurs clichés, mais je n'en vis aucun, la pellicule, je crois, partit en vrille au développement. Une photo existe, pourtant. C'est Carl Goodwin, un autre photographe américain, qui m'immortalisa, souriante, dans cette demi-baignoire.

Capa me faisait rire en permanence. Il me rappelait Justus, mon père, photographe lui aussi, qui me déguisait enfant, avant de laisser sa caméra tourner. Il avait son humour et son côté blagueur. Et cela me plaisait de retrouver chez lui un peu de ce père adoré, toujours bon public quand je jouais la comédie. C'est son enthousiasme qui, toute petite, m'a donné l'envie d'être actrice. J'avais treize ans quand le cancer l'a emporté.

En déambulant dans Berlin, Capa me raconta qu'il avait connu la ville pour la première fois en 1931. Il s'y était réfugié après avoir fui sa Hongrie natale, à tout juste dix-huit ans. La dictature antisémite de l'amiral Horthy l'avait dans le viseur. Après une rencontre avec des recruteurs du parti communiste, il avait été arrêté par la police, roué de coups et il n'avait dû son salut qu'à son père, tailleur, qui avait pour cliente la femme du directeur adjoint de la police. À Berlin, il voulait étudier les sciences politiques pour devenir journaliste, mais l'argent lui a manqué. Alors, il a demandé à une amie, partie suivre des cours de photographie, de l'aider. Elle l'a recommandé à l'agence Dephot, qui fournissait à l'époque des milliers de journaux et de revues allemandes, et il a été embauché comme assistant en chambre noire. Capa a appris à développer et à se servir d'un Leica, un petit appareil qui venait de sortir. Et le 27 novembre 1932 – il insistait fièrement sur la date car pour lui, elle était fondatrice –, il parvint à photographier Léon Trotsky, qui prononçait un discours sur « la signification de la révolution russe » au palais des Sports de Berlin. Il n'était pas le seul photographe, mais il était le seul à avoir pris le dissident de Staline en gros plan. Ses photos, m'a-t-il dit, ont été publiées sur deux pages dans *Der Welt-Spiegel.* Premier succès. L'arrivée de Hitler à la Chancellerie et l'incendie du Reichstag l'ont poussé à repartir en Hongrie puis à fuir de nouveau pour arriver en France en 1934.

Mais, je te raconte cette histoire, Chim, comme si tu ne la connaissais pas bien mieux que moi, excuse-moi… J'étais admirative, si impressionnée de la précocité de Capa pour comprendre comment tournait le monde… j'avais honte de ma longue cécité devant les tragédies de l'Histoire, trop longtemps préoccupée par ma seule carrière. Capa me confia aussi qu'il ne s'appelait pas Robert Capa, mais André Friedmann. « Mais pourquoi avez-vous changé de nom et comment avez-vous trouvé celui de Capa ? » lui demandai-je. Il esquissa un sourire. « Ce n'est pas moi qui l'ai trouvé. » Et il me prit la main sans en dire davantage. La troupe devait reprendre sa route, toujours plus à l'Est.

Enfin, de retour à Paris ! La ville à la mi-août était un enchantement, loin de la grisaille allemande. Rien ne rappelait la guerre si ce n'est la persistance de tranchées creusées dans les jardins publics pour ôter les mines laissées par l'ennemi autour de certains édifices. En robe légère dans la chaleur estivale, je me rejouais les scènes de *Casablanca* où Rick et Ilsa sont deux touristes en pleine romance. Paris leur appartient et les Parisiens se transforment en simples figurants dans un décor de rêve. Rick et Ilsa sont seuls au monde sur les Champs-Élysées, en bateau-mouche sur la Seine, au deuxième étage de la tour Eiffel, le champagne coule à flots dans leur chambre, ils valsent dans les bals de quartier en se regardant dans les yeux.

*You must remember this*
*A kiss is just a kiss, a sigh is just a sigh*
*The fundamental things apply*
*As time goes by*

J'étais comme Ilsa. Enfin débarrassée d'un amour élimé, celui que j'avais eu pour Petter, et heureuse, légère, en passe d'être chavirée par la passion. La tête me tournait. Ivre de Paris et de ma liberté. Sous le charme de Capa et de son esprit rieur. Il avait la même générosité que Rick, mais il était beaucoup plus blagueur. J'aimais sa dérision. Il pensait que la vie ne tenait qu'à un fil, qu'il fallait en tirer le meilleur et ne pas se prendre au sérieux. J'adorais son côté provocateur, tout à la fois humble et irrévérencieux, sa capacité à se moquer de lui-même. Il n'y avait rien de faux chez lui. Un soir, il m'invite à dîner et se rend compte en chemin qu'il n'a plus un centime. N'importe, place Vendôme, il croise une consœur photographe de *Life*, Margaret Bourke-White, qui avait, me dit-il, suivi Patton en Allemagne. « Margaret, tu n'aurais pas dix mille francs ? Vite ! » Elle lui a passé de l'argent, sous mes yeux. J'avais du mal à me faire à l'idée qu'un homme puisse emprunter à une femme, mais c'était si naturel de la part de Capa que j'ai changé d'avis. On partageait les dépenses et il acceptait sans problème que je paie. Après tout, pour lui, j'étais une actrice, j'étais riche, et il avait raison. Il était dingue et merveilleux, j'étais amoureuse. On ne cessait de rire comme si on retrouvait tous les deux une insouciance dont la guerre nous avait longtemps privés l'un et l'autre.

Le 14 août, les Parisiens sont descendus dans les rues pour fêter la victoire contre les Japonais, cinq jours après Nagasaki. J'avais dans les yeux les images de la libération de Paris, un an plus tôt, les filles qui montaient sur les chars pour embrasser leurs libérateurs. Nous étions en jeep sur les Champs-Élysées avec Larry Adler, et je dis à Capa : « Je vais me jeter au cou de quelqu'un et l'embrasser. – OK. Tu te décides pour lequel ? – Celui-là, là-bas. » Je sors de la jeep en courant, je me jette dans les bras d'un soldat et je l'embrasse sur la bouche. Il m'a rendu mon baiser, pas surpris pour deux sous.

Nous avons fini la soirée dans un restaurant de Saint-Germain-des-Prés avec Irwin Shaw et trois autres personnes dont j'ai oublié les noms. Irwin était grognon. L'alcool aidant, il a commencé à se plaindre de ne pas être passé officier de toute la guerre et il a attribué ça au fait d'être juif. Capa s'est fâché : « Écoute, répliqua-t-il, estime-toi heureux de porter un uniforme et d'être encore dedans bien vivant, il y a beaucoup de gars qui y sont restés et qui aimeraient être à ta place. » Capa avait dit ça sur un ton sévère qui jeta un froid. « Pourquoi Irwin était-il mal luné ? lui demandai-je, quand nous nous sommes retrouvés tous les deux en sortant du restaurant. – Parce qu'il a été touché dans sa vanité de beau gosse. Il ne supporte pas que tu t'intéresses plus à moi qu'à lui, c'est aussi simple que ça. Tu t'intéresses bien plus à moi qu'à lui ou je me trompe ? – Je devrais ? Tu es si intéressant que ça ? » Il m'entraîna sur le pont Neuf et m'embrassa sous la statue d'Henri IV. « Il est temps de mettre la poule au pot, marmonna-t-il en français en reprenant son souffle. – Je n'ai pas compris ce que tu as dit… – Je dis qu'il est temps de rentrer au Lancaster. On marche ? »

Avec Capa, la vie était facile dans la chaleur de l'été. Il connaissait assez d'officiers pour se procurer tout ce qu'il voulait. Il avait des tas de combines pour aider ses amis à améliorer l'ordinaire. Il recevait du café et des cigarettes de New York que lui envoyait Julia, sa mère. Il riait du petit guide que m'avait fourni le commandement américain. Le même qui était distribué aux G.I. pour faire tomber leurs préjugés sur les Français. Cent douze questions-réponses qui traitaient aussi bien de la *saleté* que de la *paresse* des *indigènes*. « Un tissu de conneries ! », m'avait lancé Bob. Le fascicule, selon lui, ne contenait que des inepties. Je trouvais pourtant très juste cette description que j'ai retenue à propos de Paris : *Vous ne pouvez pas savoir ce qu'a coûté la guerre à la France en remontant les Champs-Élysées. À Paris, vous ne pouvez pas voir les un million cent quinze mille Français, hommes, femmes et enfants, qui sont morts, qui ont été blessés, qui ont été déportés ou fusillés comme otages.*

Je savais bien que s'alimenter demeurait un souci pour tous les Parisiens, je voyais les files d'attente devant les boulangeries, les boucheries ou les magasins de fruits et légumes. Mais, sur les Champs-Élysées, on ne croisait que des gens heureux d'avoir recouvré leur liberté. Les Parisiennes étaient jolies. Elles portaient des jupes ou des robes courtes, des chaussures à hautes semelles de bois qui mettaient en valeur leurs jambes et la finesse de leurs chevilles, elles avaient des turbans en guise de chapeaux. Un chic parisien taillé dans de vieux rideaux ou des parachutes.

Capa avait ses entrées partout. À la piscine de Bagatelle, au tennis de Saint-Cloud où il m'entraîna déjeuner. Cela l'amusait de s'afficher avec moi. À Saint-Cloud, un vieil hôtel délabré servait de club pour les officiers parachutistes américains. Sa terrasse surplombait des courts de tennis et la Seine qui s'étendait au pied de la colline. Le cognac coûtait dix *cents* et tout le monde le mélangeait avec du Coca-Cola. À chacune de nos sorties, Capa s'amusait à me déguiser pour éviter, disait-il, les mauvaises rencontres avec ses collègues photographes. Je nouais un foulard autour de ma tête et posais des lunettes noires sur mon nez. Les déguisements de mon père étaient bien plus sophistiqués. Mais les facéties de Capa renforçaient notre complicité. Je lui racontais comment, pendant le tournage de *Hantise* à l'été 1943, je m'étais travestie en serveuse à robe noire, tablier blanc et bonnet, pour assurer le service au cours d'une réception que Selznick avait donnée pour un groupe d'investisseurs qu'il cherchait à séduire. Il avait exigé que les vedettes de *Hantise* soient présentes pour appâter le client alors que nous tournions à l'aube, le lendemain. Pour protester, Joseph Cotten et moi, on avait monté cette mascarade : Cotten avait dégoté un uniforme de valet et nous avons commencé à circuler avec les plateaux de hors-d'œuvre et de boissons. Et puis, au bout d'un moment, devant la foule d'invités, on a fait mine d'engloutir force coupes de champagne et on a surjoué l'état d'ébriété. « Fichons le camp, Martha ! On était d'accord pour ne travailler qu'une heure, pas une minute de plus. Rappelle-toi que nos enfants nous attendent », m'a apostrophée Cotten, la voix pâteuse. J'ai encore englouti deux coupes et Selznick nous a reconnus. Notre plaisanterie n'a fait rire que nous, mais quelle importance ?

Chaque jour, Bob me proposait une destination nouvelle. Nous avons déjeuné au bois de Boulogne sous des lustres de verre suspendus dans les arbres. Il me proposa aussi d'aller me baigner dans la Seine en plongeant du pont d'Iéna. Je prétextai n'avoir pas de maillot de bain. Pour se garder de la chaleur, il m'emmena au cinéma. Par je ne sais quel miracle, il évita l'immense file d'attente devant *Falbalas* de Jacques Becker, l'histoire d'un grand couturier qui se meurt d'amour et se défenestre avec un mannequin de cire dans les bras. Je compris ce jour-là combien la mode est importante à Paris. Elle est si essentielle que les couturiers sont des héros de films. On alla aussi voir *Les Enfants du paradis*, mais mon français ne me permit pas de goûter toutes les subtilités de la langue de Jacques Prévert. Je retins pourtant cette phrase d'Arletty que je murmurai à l'oreille de Capa : « C'est tellement simple, l'amour. »

Un soir, on s'arrêta place de l'Étoile. Une énorme ronde s'était formée sous l'Arc de triomphe. Des garçons se tenaient à l'intérieur du cercle et chacun son tour happait une fille au passage. Celle-ci devait se laisser embrasser, avant de revenir tourner avec les autres. Capa me proposa d'y entrer. Pourquoi pas, je savais désormais combien il était agréable d'embrasser un soldat inconnu.

« Je vais te présenter un ami », me dit-il, un matin. Nous arrivâmes au 7, rue des Grands-Augustins. Des G.I. dormaient dans l'escalier. Depuis la Libération, Picasso était devenu un monument, une sorte de héros de la Résistance que les Allemands n'avaient pas pris la peine de faire taire. Ils s'étaient accommodés de son « art dégénéré » et de son coup d'éclat : *Guernica*, ode à la résistance contre la barbarie. La porte de son atelier était ouverte à partir de 11 heures du matin. Des dizaines de grandes toiles étaient empilées les unes sur les autres. Des sculptures – de grosses têtes en bronze et des hommes nus qui tenaient des animaux dans leurs mains – étaient plus ou moins rangées le long des murs. Même en plein été, il faisait frais dans l'atelier. Le peintre me salua avec un drôle de regard. Il avait de petites dents, mais son sourire était gai. « Mademoiselle Bergman, quel honneur, me lança-t-il en français. Je suis désolé, je ne parle ni suédois, ni anglais. Vous connaissez l'histoire de ces deux amants, elle, Espagnole, lui, Français ? Ils vivent très heureux jusqu'à ce qu'elle se décide à apprendre le français. Catastrophe, l'homme découvre alors combien celle qu'il aime est idiote et leur couple n'y résiste pas. Je déteste les histoires d'amour qui se terminent mal, c'est pour ça que je n'abuse pas des langues étrangères. » Je me contentai d'un léger sourire, ne sachant pas s'il me voyait dans le rôle de l'idiote. « Mais je ne dis pas ça pour vous, chère Ingrid Bergman. J'ai appris que vous jouez une jeune républicaine espagnole dans le film de mon ami Hemingway. Malheureusement, *Pour qui sonne le glas* n'est pas encore arrivé à Paris, mais je suis sûr que vous êtes une merveilleuse petite Maria. Hemingway est passé me voir avec une certaine Mary, Mary Welsh, je crois, un soir de l'été dernier. On a parlé de la guerre d'Espagne et il m'a dit qu'Hollywood avait tué son livre et qu'il avait dû s'y reprendre à cinq fois pour arriver à voir le film en entier. “Le film est nul, mais Gary Cooper et Ingrid Bergman sont formidables”, a-t-il insisté, et je veux bien le croire. J'ai rarement vu de Castillane aussi jolie que vous. Vous êtes très belle et vous avez la chance de pouvoir vous regarder dans un miroir. Moi, je déteste les miroirs, je ne me suis jamais réconcilié avec mon physique. » Capa me sortit d'affaire alors que je rougissais : « Vous êtes une star, vous aussi, maître, avec tous ces curieux qui viennent vous saluer depuis un an. Mais comment faites-vous pour travailler avec tous ces visiteurs ? dit-il au peintre. – Ah, depuis la Libération, c'est un torrent ininterrompu de gens qui veulent me féliciter pour mon œuvre. Avant, quand un puissant demandait à me voir, je disais toujours oui et ça le rendait heureux. Et puis, je me débrouillais pour que la visite n'ait pas lieu. Maintenant, les gens débarquent chez moi, riches ou pauvres, et je ne peux plus travailler. J'ai dû décaler l'ouverture de mon atelier à 11 heures pour ne pas laisser tous ces gens dans l'escalier et je ne peux plus peindre que la nuit à la bougie ! Ce succès me flatte, mais il m'épuise. Depuis que je travaille la nuit, je connais le calvaire des prolétaires que l'on prive de lumière. C'est pourquoi j'ai décidé d'adhérer au parti communiste. Lui au moins, il défend les travailleurs qui ne voient pas le jour. »

Un marchand interrompit notre conversation. Capa me raconta qu'il avait été l'un des premiers à rendre visite à Picasso à la libération de Paris et à le photographier pour *Life*. Lee Miller, correspondante de guerre pour *Vogue* et amie du peintre, était arrivée en même temps que lui. Elle avait mangé une tomate moisie que Picasso gardait précieusement dans un pot. Nusch, la femme de Paul Éluard, était aussi passée, très amaigrie. Par l'intermédiaire d'amis à lui, Capa connaissait Françoise Gilot, une jeune artiste peintre dont Picasso était fou amoureux. Elle était en train d'évincer Dora

Maar qui s'était mise à faire tourner les tables. Avec Lee Miller, ils étaient allés déjeuner dans un bistro. Picasso leur avait raconté qu'il était fasciné par la structure du visage des femmes tondues. Capa, qui les avait photographiées à Chartres, répondit qu'il avait surtout été frappé, lui, par la haine qui défigurait les visages de la foule pendant les séances de tonte.

On a aussi croisé un jour au Dôme, Chim, ton ami de Magnum, Henri Cartier-Bresson. Un grand échalas au regard clair d'une politesse exquise. Il nous raconta qu'il venait d'achever un film : *Le Retour*. Un documentaire sur la libération des camps qui l'avait amené à suivre la longue marche d'une foule de prisonniers de guerre et de déportés, des camps allemands à la gare d'Orsay, où il avait filmé les retrouvailles entre parents, frères, sœurs, amoureux. Lui-même avait été prisonnier pendant trois ans en Allemagne avant de s'évader et son œil était plein d'émotions…

– Tu as raison Cartier, le cinéma, c'est l'avenir. Le métier de photographe de guerre n'existe plus. J'ai fait changer mes cartes de visite, tu sais. Désormais, je me présente ainsi : "Robert Capa. Photographe de guerre. Chômeur". Mais, je vais déchirer toutes ces étiquettes avant d'en devenir l'esclave. Tu le sais, Cartier, qu'il faut se méfier des étiquettes. Je te l'ai souvent dit, elles rassurent mais quand les gens t'en collent une, tu ne peux plus t'en débarrasser. Je vais aller travailler dans le cinéma moi aussi, car dans la photo, je n'ai plus d'avenir.

Cartier-Bresson me lança un regard comme s'il m'interrogeait pour savoir si j'étais à l'origine de cette envie de reconversion.

– Le cinéma, oui, c'est peut-être l'avenir, mais plus j'avance, moins je suis cinéaste et plus je suis photographe. Pendant le tournage du film, je prenais le temps de sortir mon Leica. J'éprouvais le besoin de fixer image par image la violence de l'histoire avec ses bourreaux, ses victimes, ses traîtres, ses héros. Le documentaire passe, la photo reste. Les camps, la guerre, ce n'est pas une Grande Illusion et pourtant Dieu sait que j'aime Renoir.

– Jean Renoir ? Vous le connaissez ?

– Très bien, chère Ingrid, j'ai tourné trois films avec lui. Et j'ai même fait l'acteur pour lui.

– Oh, racontez-moi ! Vous savez que Jean et Dido sont mes voisins à Beverly Hills ? Je les aime tant tous les deux, ils sont si gentils.

– J'ai été l'assistant de Renoir pour *La vie est à nous*, *Partie de campagne* et *La Règle du jeu*. En fait, j'étais un peu sa bonne à tout faire, celui qui doit trouver en une heure un rossignol qui siffle *La Marseillaise* ou une yole à louer à la journée.

– Et vous avez été aussi acteur ?

– Disons que j'ai bouché des trous dans la distribution. Renoir adore faire figurer ses équipes dans ses films. Lui-même s'est amusé à jouer les patrons de bar, j'étais un séminariste attiré par les jupons dans *Partie de campagne*. Et un valet de chambre anglais dans *La Règle du jeu*. Les scènes ne sont pas passées à la postérité et j'ai arrêté le boulot d'assistant. Pour devenir metteur en scène, il faut avoir une histoire forte à raconter et il m'en manquait une, je n'ai pas assez d'imagination.

– Mais vous venez de réaliser un film, non ?

– Un documentaire ne nécessite aucune imagination, tout est dans le regard. Comme la photo ou le dessin, qui demeurent pour moi l'essentiel. On regarde, on fixe, on reproduit, il n'est nul besoin d'imaginer.

– Peut-être qu'un jour, j'aurai la chance de tourner pour Jean Renoir. J'aimerais bien que, ce jour-là, vous ayez repris votre travail d'assistant…

– Qui sait ? En attendant, converser ou photographier, il faut choisir, je ne sais pas faire les deux. J'aurais beaucoup aimé vous prendre en photo, mais j'imagine que Capa l'a déjà fait.

Je sentais dans mon ventre un délicieux charivari, un sentiment de liberté comme jamais éprouvé. Nos nuits dans la petite chambre de Bob au Lancaster, plus discrète que celle que j'avais au Ritz, étaient chaque jour plus belles. Bob adorait faire l'amour, jamais longtemps, mais souvent. Cela m'allait. Je ne me lassais pas de me perdre dans ses bras. J'avais prévenu Petter que l'USO voulait me garder encore un moment à Paris et il n'avait rien trouvé à y redire. Pia me manquait et je l'appelais au téléphone aussi souvent que possible. Mais j'avais oublié Hollywood. Le tournage des *Enchaînés* d'Hitchcock ne devait pas démarrer avant octobre, j'avais le temps d'y songer. Je profitais de chaque seconde de ma vie parisienne. Le « chômeur » Capa me consacrait tout son temps. Un merveilleux guide. Un dimanche, il a dégoté une jeep pour m'emmener sur les bords de Marne. J'ai eu la peur de ma vie. Il conduisait aussi mal que possible. D'un côté à l'autre de la route, tantôt trop lent, tantôt trop rapide, je faillis plusieurs fois passer par-dessus bord dans des virages pris trop vite ou me cogner lors de freinages trop appuyés. « Eh, salaud ! », jurait-il quand il manquait de justesse une collision avec un cycliste. Arrivée au pont de Joinville, j'étais blanche comme un linge. Capa gara la jeep. « Où as-tu appris à conduire ? lui demandai-je. – Je n'aime pas conduire. J'ai échoué trois fois au permis de conduire en France, mais je m'améliore. La quatrième sera la bonne, j'en suis sûr. Si tu préfères, la prochaine fois, je t'emmène en moto. Un peu avant la guerre, j'ai suivi le Tour de France pour *Paris Match* qui m'a offert une vieille bécane. Je suis descendu sans encombre dans le sud de la France jusqu'à ce que je loupe un virage en épingle et finisse sur la clôture d'une villa après avoir percuté un mur. Je ne te dis pas la tête des proprios quand je me suis étalé au milieu de leur apéro ! J'ai failli faire tourner leur pastis. Ils m'ont mis de la glace et m'ont proposé de rester dormir chez eux jusqu'à ce que l'engin soit réparé, et c'était bien sympathique. Conduire me rebute et c'est pour ça que je déteste Los Angeles. On ne peut rien faire dans cette ville sans bagnole. Comme dit Blaise Cendrars : "À Hollywood, tout homme qui se promène à pied est un suspect." – Je te transporterai dans mon Oldsmobile, j'adore conduire, cela me donne l'impression d'être libre et que rien ni personne ne peut m'arrêter. – Libre jusqu'au premier feu rouge », rigola-t-il.

Je n'aimais pas qu'il dise détester Los Angeles, sans doute parce que l'idée qu'il m'y rejoigne était en train de germer doucement dans ma tête. Nous descendîmes marcher sur l'île Fanac. À son extrémité, nous étions protégés des regards par les arbres et il remonta ma robe. Je ne devrais pas te raconter cela, Chim, mais je garde un souvenir si vif de ce moment, faire l'amour à demi nue un dimanche en plein air sous le regard d'une famille de cygnes, alors que des promeneurs pouvaient nous surprendre, quelle folie ! Jamais je n'ai autant apprécié des mains d'homme sur mon corps, comme si je m'autorisais enfin une audace trop longtemps réfrénée.

Il nous est arrivé une autre aventure avec cette jeep : au carrefour entre la rue de Rennes et le boulevard Saint-Germain, Capa cherche à se garer et ne voit pas le piéton qui était en train de traverser. Celui-ci pousse un cri de surprise, trébuche, et s'étale sans que l'auto ne le touche. Capa arrête la jeep et se précipite pour aider l'homme à se relever. Il avait perdu ses lunettes. Il souffrait d'un fort strabisme divergent, sans doute antérieur à l'accident. Je te rejoue la scène :

– Je suis désolé, monsieur Sartre, je ne vous avais pas vu. Je cherchais à me garer.

– Pas de souci, jeune homme, plus de peur que de mal. Vous m'avez permis d'être héroïque pendant une seconde. Vous savez que dans la plus insignifiante de nos actions, il y a une immensité d'héroïsme, puisque chaque instant qui vient peut se révéler celui de notre mort ? On le sait et on en sourit, n'est-ce pas admirable ? Voulez-vous que je vous dise pourquoi je ne crains pas la mort ? Comme chacun de nous, je pense qu'elle tombera sur le voisin. Et vous venez de me donner raison.

– Je suis confus. Vraiment. Puis-je vous offrir un verre pour me faire pardonner ? Je me présente, Robert Capa.

– Robert Capa ? Le plus grand photographe de guerre du monde ?

– Le pire conducteur de Paris, vous voulez dire.

– Monsieur Capa, je vous suis depuis longtemps. J'ai vu vos photos de la guerre d'Espagne dans *Ce soir*, je connais vos photos du débarquement. J'étais aux États-Unis ces derniers mois et j'ai lu vos reportages dans *Life*. Je suis très touché que vous ayez daigné m'avoir dans votre objectif.

– Je ne vous visais pas vraiment, mais je serai honoré de vous photographier en évitant le mode auto.

– Allons-nous remettre de nos émotions au Flore si vous le voulez bien, j'y suis attendu.

Sartre monta à l'étage et rejoignit une femme qui portait chignon, le visage sévère, assise sur une banquette au fond de la pièce.

– Castor, je vous présente Robert Capa, le plus grand photographe de guerre du monde. Il vient de tenter de m'assassiner en me roulant dessus avec une jeep et je note que vous n'avez pas bougé.

– Sartre, vous n'aviez pas besoin de moi pour retrouver vos lunettes et je sais combien vous êtes prêt à tout pour vous faire tirer le portrait. Enchantée, monsieur Capa. Simone de Beauvoir. J'aime vos photographies. Notre ami Paul Nizan m'avait parlé de vous lors de l'enterrement de Gerda Taro. Je crois que vous avez travaillé ensemble à *Ce soir* ?

Je notai un léger tressaillement chez Capa.

– Nizan était responsable de la politique internationale à *Ce soir* et nous avons été amenés à nous rencontrer plusieurs fois pendant la guerre d'Espagne... Mais, laissez-moi vous présenter Mme Ingrid Bergman. Elle vient de remporter un Oscar à Hollywood.

– Ravie de vous rencontrer, madame Bergman. Sartre, vous la connaissez, n'est-ce pas ? Vous m'avez bien dit avoir vu *Pour qui sonne le glas* quand vous étiez à Los Angeles, cet hiver, non ?

– Oui, j'ai d'ailleurs rencontré là-bas Rirette, la veuve de notre ami Nizan. Savez-vous qu'elle gagne sa vie en sous-titrant en anglais des films français ? Mais, je suis infiniment désolé, miss Bergman, de ne pas vous avoir saluée plus tôt. Je dois à la vérité de dire que lorsque je me suis relevé après la misérable agression de Capa, je me suis demandé si j'appartenais encore au monde des vivants. Je vous ai vue en me redressant et j'ai cru que j'étais mort car j'avais en face de moi le visage d'un ange. Sur le coup, cela m'a fort ennuyé car cela m'obligeait à admettre l'existence d'un au-delà et, en conséquence, à remettre en cause mon existentialisme athée et surtout à trouver un autre titre à *L'Être et le Néant*... *L'Être et le Géant* ? Qu'en pensez-vous Castor, ce serait un bon titre, non ? Je ne vous dis pas la tête de Gaston Gallimard si je lui demandais de publier une édition corrigée de mon livre à cause de l'arrivée impromptue d'une preuve de l'existence de Dieu... Enfin, bon, je me suis pincé et j'ai compris que vous n'étiez heureusement pas une apparition, mais une ravissante jeune femme qu'il me semblait bien avoir déjà croisée quelque part. Si je ne me trompe pas, la dernière fois que nous nous sommes rencontrés sur grand écran, vous aviez les cheveux courts, non ?

– Oui, Maria a les cheveux courts dans le roman. Et Hemingway a exigé que je me coupe les cheveux pour le film. Il était inquiet de savoir si mes oreilles seraient photogéniques ou non...

– Castor, avec votre ami Hemingway, on en prend toujours plein les oreilles. Il est décidément admirable. Quand je pense que vous êtes restée dans sa chambre d'hôtel du Ritz jusqu'au petit matin... Savez-vous ce qu'il raconte aujourd'hui, d'après ce qu'on m'a rapporté ? Que vous l'avez forcé ce soir-là à coucher avec vous et que vous n'arrêtiez pas de répéter : “Faut coucher avec Hemingway avant qu'il reparte au front. Il peut être tué." Et que moi, pauvre imbécile, je serais resté à vous attendre dans le hall du Ritz en lisant *Le Monde*, au lieu de rentrer dormir chez moi, ce que j'ai fait en réalité. Il prétend aussi que s'il n'a pas été à la hauteur, c'est qu'il ne tenait plus debout parce qu'il rentrait de la forêt de Hürtgen, terrible champ de bataille pour les Américains, il est vrai, et qu'il avait la grippe et n'arrêtait pas de tousser. Castor, vous me confirmez aujourd'hui qu'il n'a pas été à la hauteur ? Il me semble que vous lui aviez pourtant trouvé sur le moment une certaine *vitalité*, vitalité, oui, je crois que c'est votre mot, à moins que ce ne soit *virilité*... Vous roulez des yeux furieux et vous ne répondez rien... Notez que je dois reconnaître qu'Hemingway a été charmant avec moi. Quand il nous a reçus dans sa chambre du Ritz, il était en pyjama avec une visière verte sur la tête, vous vous souvenez ? "Vous êtes un général, m'a-t-il lancé en me serrant dans ses bras. Moi, je ne suis qu'un capitaine, vous, vous êtes un général !" Vu le nombre de cadavres de bouteilles de whisky sur la table, je pense qu'il avait une lucidité sans égale. Je ne l'ai d'ailleurs pas trouvé flatteur pour un sou, tout juste pourvu d'un excellent jugement.

– Sartre, vous êtes d'un bavard ! Demandons plutôt à monsieur Capa de nous raconter ses admirables photos du Débarquement. Comment avez-vous pu avoir le courage de prendre des photos sous le feu allemand ? Je me suis toujours posé la question.

– Oh, ce n'est pas du courage, madame, seulement de la peur…

– Celui qui n'a pas peur n'est pas normal, ça n'a rien à voir avec le courage…

– Sartre, laissez parler au lieu de nous asséner vos fadaises, nom d'une pipe ! Vous disiez, monsieur Capa, que ce n'est pas du courage. Il en faut beaucoup pourtant pour être en première ligne alors que rien n'y oblige un correspondant de guerre qui n'a pas d'armes et aucune fonction combattante, n'est-ce pas ? Pourquoi ne pas arriver après la bataille ?

– Comme Fabrice à Waterloo… La guerre, on ne la fait pas, Castor, c'est elle qui nous fait…

– Sartre, s'il vous plaît !

– Vous savez, madame, comme je dis toujours, le correspondant de guerre est plus gâté que le soldat en alcool, en filles, en salaire, en liberté de mouvement, mais au moment critique, il doit être là. J'ai une devise : si ta photo n'est pas bonne, c'est que tu n'es pas assez près. Le photographe n'a pas le choix, il doit être là où les choses se passent. Il ne peut pas se faire raconter l'événement par des témoins. Il le fixe sur la pellicule ou pas. Quand je suis arrivé en Angleterre en 1942, l'un de mes premiers reportages était à Chelveston, où était stationné le 301$^{e}$ groupe de bombardiers de l'armée de l'air américaine, les fameuses forteresses volantes. J'ai passé plusieurs jours à jouer au poker avec les gars, leurs missions étaient sans cesse annulées car la météo n'était pas bonne. Un matin, ils sont enfin partis bombarder l'Allemagne. Vingt-quatre appareils ont décollé, dix-sept sont rentrés. L'un avait perdu son train d'atterrissage et a dû se poser sur le ventre avec deux morts et un blessé grave. Le pilote est sorti en dernier avec une éraflure sur la tête. "C'est ça, les images que vous vouliez, photographe ?", m'a-t-il lancé sans s'arrêter. J'ai été pris de honte. Je me suis senti dans la peau d'un croque-mort et je me suis dit qu'à l'avenir, si je devais être aux enterrements, je participerais aussi à ce qui précédait. Depuis, je n'arrête pas de chier dans mon froc, excusez mon vocabulaire, madame Castor. J'ai été parachuté en avril derrière le Rhin avec la 7e division aéroportée américaine. J'étais le seul photographe et je peux vous dire que dans l'avion au-dessus de l'Allemagne, je rêvais d'assurer : "Eh, désolé les gars, je ne peux pas sauter, je n'ai pas fini mon Simenon." Quand tu touches enfin le sol, tu penses à deux choses : te débarrasser de ton parachute qui fait de toi une cible et de ton pantalon souillé qui te colle aux fesses… En Normandie, pareil, mon débarquement a consisté, une fois poussé dans l'eau à cent mètres de la plage par un coup de pied au cul du maître d'équipage, à me débarrasser du Burberry que j'avais acheté en pensant que je partais en croisière. Et je me suis planqué derrière mon appareil photo et les pieux en acier plantés par les Allemands pour empêcher les invasions. On appelait ça des "hérissons tchèques". Là, j'ai photographié d'autres types qui tentaient comme moi de s'abriter alors que les balles trouaient l'eau froide. J'ai essayé de quitter mon abri, mais tout m'y ramenait. J'ai réussi à avancer pour me réfugier derrière la carcasse d'un tank amphibie à moitié brûlé. Il ne me restait plus qu'à atteindre la plage. Je ne cessai de me répéter une phrase de la guerre d'Espagne : *Es une cosa muy seriosa, es une cosa muy seriosa.* La situation est grave, raison de plus pour espérer. J'ai photographié sans lever le nez jusqu'à ce que mon appareil se bloque. Plus de pellicule. J'essayais de mettre un nouveau rouleau dans mon Contax mais je tremblais de tous mes membres. De peur. Et puis j'ai vu arriver une péniche de débarquement et des types avec une croix rouge qui sautaient à l'eau. L'instinct de survie ou une réaction de peur ou les deux, mon capitaine, j'ai compris que je m'enfuyais. Quand je me suis réveillé sur le navire que j'avais quitté à l'aube, je me suis dit que j'étais un lâche, mais j'ai été reçu comme un héros. À quoi ça tient l'héroïsme… Comment dites-vous, monsieur Sartre ? "Dans toutes nos actions, il y a une immensité d'héroïsme" ? Et j'ajouterai "une grosse part de lâcheté".

– Tout à fait, jeune homme. Moi, j'appelle ça la “mauvaise foi”, quand on refuse d'assumer sa liberté, son libre arbitre, faire demi-tour ou aller sur la plage, vous aviez le choix, vous avez choisi… Vous devriez écrire un livre sur vos aventures, monsieur Capa. C'est tout à fait passionnant, ce que vous racontez.

– Oui, peut-être. Et je méditerai sur la finalité de tout ça. Tout ça pour quoi ? J'ai appris quelques semaines plus tard que sur les cent six photos que j'avais prises, seule une dizaine avait été sauvée. Le labo à Londres a voulu sécher les négatifs trop vite, ils ont fondu. J'ai failli arrêter le métier quand on m'a avoué ce forfait. Et j'ai manqué de casser la gueule à de valeureux confrères quand quelques-uns ont prétendu, jamais devant moi, que je n'avais pas pris plus d'un rouleau sur la plage tant je faisais dans mon froc et que j'avais demandé à *Life* d'inventer cette histoire de négatifs brûlés. On est peu de chose. Elles sont où, leurs photos du débarquement, à ces donneurs de leçons ? On m'avait déjà fait le coup avec ma photo du milicien républicain fauché par une balle sur la route de Cordoue en septembre 1936. On m'a reproché d'avoir fait poser le gars, comme si on avait besoin de faire poser sur le front espagnol. Les photos étaient là, il n'y avait qu'à les prendre. Il paraît que mes photos du débarquement étaient bonnes, c'est déjà ça. Elles avaient surtout le mérite d'exister. Les meilleures, bien qu'un peu floues, a dit *Life* qui a expliqué à ses lecteurs que le flou était dû à mon "exaltation"… Les cons ! Ils m'ont quand même embauché après cette petite sortie nautique. Neuf mille dollars de prime annuelle, il n'y a pas de quoi s'exalter devant une somme aussi… modeste. À peine un pourboire. Un secours, je dirais.

– Qu'en pensez-vous, madame Bergman ?

– Je pense, monsieur Sartre, que Capa devrait venir faire un film à Hollywood pour raconter tout cela. Il serait un héros là-bas.

– Monsieur Capa, je note que vous n'avez pas répondu à ma question : pourquoi prendre autant de risques ? Vous aviez l'ambition d'abattre le nazisme à vous tout seul avec vos photos ou juste le besoin romantique de frôler la mort pour mieux honorer la mémoire d'une femme disparue qui vous était chère ?

– Malheureusement, madame Castor, je ne suis pas assez philosophe pour vous fournir une réponse. Je ne suis rien qu'un homme qui ne sait jamais quoi répondre aux femmes qui lui posent trop de questions. Avec tout le respect que je vous dois, madame Castor.

Chim, tu te souviens de notre première rencontre ?

– Très bien, c'était au 37, rue Froidevaux. Capa t'avait amenée à notre atelier en face du cimetière du Montparnasse.

– Il m'avait dit qu'il avait des pellicules à prendre. Et, une fois arrivé là-bas, il m'a laissée en plan et est reparti acheter je ne sais trop quoi, des cigarettes peut-être. Je me souviens, tu nous as accueillis en descendant un petit escalier en colimaçon qui menait à une mezzanine et Capa nous a présentés : « Ingrid, voici Chim, le meilleur d'entre nous. Je lui dois tout. Je l'ai rencontré dans un autobus quand je suis arrivé à Paris en 1933, il avait un Rolleiflex autour du cou, je lui ai demandé si c'était un meilleur appareil que le Leica, et nous ne nous sommes plus quittés. Deux juifs polonais et hongrois qui s'entendent, c'est rare, crois-moi. Il m'a tout appris. Je te le prête pour cinq minutes et méfie-toi, il est bavard, il parle six langues, je n'en parle que cinq, mais il ne connaît pas un mot de suédois, je n'ai jamais compris pourquoi. » Tu portais encore ton uniforme de lieutenant de l'armée américaine. Tu m'as dit que tu étais au chômage, car tout avait été bombardé en Allemagne et tu n'avais plus de photos aériennes à analyser pour l'état-major… Tu m'as proposé un café. La lumière qui rentrait dans cette grande pièce avec cinq mètres de hauteur sous plafond était splendide. Il faisait une chaleur d'enfer malgré toutes les fenêtres ouvertes. Te souviens-tu de la première question que je t'ai posée ?

– « Pouvez-vous me raconter qui était Gerda Taro ? »

– Ah non, pas du tout. Je t'ai demandé : « Chim, C'est votre vrai nom ? »

– Ah, oui… Et je t'ai répondu non, notre conversation me revient maintenant :

– Non, c'est un diminutif. Je m'appelle David Seymour depuis que j'ai obtenu la nationalité américaine en 1943. En vrai, je m'appelle Dawid Szymin, Dawid avec un w. Mais un nom polonais, c'est compliqué pour réussir dans la photo, alors, je l'ai simplifié en Chim pour vendre mes reportages à Paris, en 1933.

– Comme Capa qui s'appelle en réalité André Friedmann ? C'est vous qui lui avez trouvé son surnom ?

– Ah non, ce n'est pas moi, c'est Gerda, Gerda Taro, enfin Gerta Pohorylle.

– Gerda Taro, je n'arrête pas d'entendre parler d'elle. Elle est morte pendant la guerre d'Espagne, c'est ça ?

– Oui, elle a été écrasée par un char républicain.

– Mais, c'est horrible ! Comment est-ce arrivé ?

– Elle était photographe, comme Capa et moi. Très volontaire, certains diront un peu tête brûlée. Elle avait tenu à aller à Brunete, près de Madrid où les loyalistes espéraient pouvoir porter un coup fatal aux fascistes en juillet 1937. Elle voulait à tout prix photographier une victoire républicaine, obtenir *la* photo qui saurait convaincre les démocraties d'intervenir pour sauver les loyalistes. On la cherchait tous, cette photo, on était très militants à l'époque, vous savez. Nous, les petits immigrés qui avions fui le nazisme dans nos pays respectifs, nous avions vite compris que le devenir de l'Europe se jouait de l'autre côté des Pyrénées. Gerda avait convaincu Ted Allan, qui travaillait pour un journal du parti communiste canadien, de l'accompagner. Allan ne pouvait rien lui refuser, il était fou amoureux d'elle. Tout le monde était amoureux d'elle.

– Capa, aussi ?

– Surtout Capa. Il était celui qui était le plus amoureux d'elle. Depuis longtemps...

– Et il n'était pas en Espagne avec elle ?

– Non, il était remonté à Paris quelques jours plus tôt pour remettre des films au bureau parisien de *Time*. Richard de Rochemont, le patron, lui avait prêté une caméra pour qu'il tourne des images de la guerre civile afin de les inclure dans une série documentaire, *La Marche du temps.* Gerda a pris une photo de Capa de profil en pull-over noir à grosses côtes, l'œil derrière l'Eyemo, c'était le nom de la caméra. À l'époque, tout le monde produisait des films dans l'espoir de lever des fonds pour les Républicains. Joris Ivens venait de tourner *Terre d'Espagne* avec Hemingway et Dos Passos aux commentaires. Cartier-Bresson avait réalisé *Victoire de la vie*, un documentaire sur les blessés opérés entre deux batailles dans des hôpitaux de fortune sous les bombes… Gerda devait rentrer à Paris, elle aussi. Le 1er août, c'était son anniversaire. Quand avec Ted, elle est arrivée à Brunete, le 25 juillet, le général Walter, un bolchevique polonais formé par l'armée russe, a éructé : "Connards de journalistes, vous êtes cinglés d'être venus ici, dans cinq minutes cela va être l'enfer sur terre !" Et aussitôt dit, l'artillerie franquiste s'est mise en branle. Les bombardiers allemands ont commencé à lâcher leurs bombes et les chasseurs Heinkel à rafaler en piqué tous ceux qui s'enfuyaient. Gerda continuait à photographier, maudissant la guerre, insultant les fascistes en yiddish, la peur glissait sur elle. Elle haranguait les soldats en perdition. Le commandement avait compris, depuis longtemps, que quand leurs hommes la voyaient, ils reprenaient courage. "Je ne peux pas rentrer à Paris sans avoir du beau travail", disait-elle à Ted entre deux salves d'obus. Et puis, après plus de trois heures de bombardement, les avions sont partis et Ted et elle, à leur grande surprise, étaient toujours vivants au milieu d'un champ de désolation. "Je suis contente, a dit Gerda, j'ai pris les meilleures photos de ma vie." Ils ont marché pour rentrer à Madrid. Jusqu'à ce qu'une voiture arrive. Elle était remplie de blessés, c'était celle du général Walter, sans le général. Ils crièrent *Salud !* aux camarades, ils grimpèrent sur les marchepieds, l'un à gauche, l'autre à droite, et la voiture a redémarré. Elle filait quand l'aviation ennemie a repris son mitraillage, un char républicain a débouché sur la route, la voiture a fait un écart. Gerda a crié et a été éjectée, les chenilles lui sont passées sur le corps. Transportée à l'Escorial, un hôpital de campagne américain, elle a demandé des nouvelles de Ted et a voulu savoir ce que son Leica tout neuf était devenu. "Il est perdu, lui a répondu une infirmière. – Eh bien c'est la guerre", a-t-elle répondu. À 5 h 30, elle a eu une transfusion de sang. À 6 heures, elle mourait. "Quand on pense au nombre de gens extraordinaires qui ont été tués, on est en proie au sentiment absurde qu'être toujours en vie est injuste", l'avait entendue dire, quelques jours plus tôt à Madrid, Jay Allen, un journaliste américain. Vous savez, Ingrid, ce que Gerda lisait ce jour-là ? *Tandis que j'agonise* de Faulkner…

Dans la lumière de l'atelier de la rue Froidevaux, Chim, tu m'as fait comprendre cet après-midi-là que Gerda Taro tournerait toujours autour de Capa comme un fantôme. J'avais là une rivale contre laquelle je ne pouvais pas lutter. Je sentais la jalousie m'envahir à grands flots. Je t'ai pressé pour que tu me racontes leur histoire.

– Et Capa, comment a-t-il appris la mort de Gerda ?

– En lisant *L'Humanité* dans la salle d'attente de son dentiste. Une brève en bas de la page trois. Dix lignes : *Madrid 26 juillet. Le bruit court, sans qu'il soit possible d'en obtenir une confirmation quelconque, qu'une journaliste française, Mlle Tarot, aurait été tuée aujourd'hui au cours d'un combat dans la région de Brunete.* Capa est parti en courant, il a dévalé les escaliers et il a pris un taxi jusqu'au 31, rue du Quatre-Septembre où était installée la rédaction de *Ce soir*, le quotidien communiste où Gerda publiait ses photos depuis cinq mois. Il est rentré sans frapper dans le bureau de Louis Aragon, le directeur du journal, qui lui a confirmé la nouvelle et lui a présenté ses condoléances. Capa a serré le poing et a tapé de toutes ses forces contre le mur et puis il s'est laissé glisser par terre, en sanglots. Aragon l'a fait raccompagner rue Froidevaux. Capa est resté prostré. Il voulait être seul. Je suis passé plusieurs fois lui apporter à manger et vérifier qu'il ne fasse pas de bêtises. Il m'avait laissé entendre que son père s'était suicidé. C'était un joueur comme Capa, il passait son temps à jouer au pinacle au Café moderne de Pest et Bob allait le chercher quand sa mère pétait les plombs. Un homme dépressif qui adorait raconter des anecdotes, tout comme Capa. "J'aurais dû être avec elle. C'est moi qui aurais dû mourir à sa place", répétait-il en boucle en se reversant du whisky. Aragon a envoyé Paul Nizan à la frontière espagnole pour accompagner la remontée du cercueil à Paris. À Madrid et à Valence, la foule républicaine a rendu hommage à ce petit bout de femme rousse qui n'avait peur de rien ni de personne. Au début de la guerre, elle gardait des talons hauts pour, disait-elle, apporter aux soldats une image de femme qui les flatte. Son catafalque était surmonté d'une photo géante de son visage souriant. J'étais à la gare d'Austerlitz, le 31 juillet, pour accueillir sa dépouille avec Capa et son jeune frère Cornell, réfugié à Paris depuis la mort de leur père. Il y avait aussi Cartier-Bresson et Ruth Cerf, une amie de Gerda, avec qui elle avait partagé à Paris un appartement minuscule. Capa avait fait poser Ruth un jour de l'été 1934 pour le catalogue d'un assureur suisse et c'est à cette occasion que nous nous étions rencontrés pour la première fois tous les quatre. Une chapelle ardente avait été dressée à la maison de la Culture, rue d'Anjou, près de la Madeleine, dans le salon des Écrivains. Le 1er août, un dimanche, pile le jour de son vingt-septième anniversaire, Gerda a traversé la capitale sous une montagne de fleurs. Le père de Gerda marchait en tête avec ses fils, Karl et Oskar, suivi d'Aragon et de Nizan. Le corbillard a fait une halte rue du Quatre-Septembre devant la façade du journal, puis il a rallié la place de la République et enfin le Père-Lachaise. Dix mille personnes étaient dans la rue. Le parti communiste avait transformé Gerda en "Jeanne d'Arc" antifasciste, une héroïne de la cause républicaine. Aragon a prononcé son éloge funèbre. À travers elle, la foule pleurait la défaite prévisible des Républicains devant Franco et ses alliés Hitler et Mussolini, elle enterrait la fin de nos illusions.

– Et Capa a tenu jusqu'au Père-Lachaise ?

– Bien sûr. À la fin de la cérémonie, les frères de Gerda, Karl et Oskar, l'ont agressé. Ils l'ont accusé de l'avoir tuée en l'envoyant au front sans défense et Karl a fiché un coup de poing à Bob. Il n'a pas répliqué parce que c'est exactement ce dont il s'accusait depuis des jours et des nuits. Il se sentait si coupable que pendant deux semaines il n'est pas sorti de l'atelier. Il n'acceptait d'ouvrir qu'à Ruth et à moi, et peut-être à Cartier, je ne sais plus. Et quand il en est sorti, il n'était plus le même. Il avait pris dix ans, il avait perdu son insouciance, l'amour de sa vie et de la vie, tout court. Il était devenu un survivant. Leur couple depuis des mois connaissait pourtant des tensions, des hauts et des bas, je crois que Capa l'avait demandée en mariage à Madrid, mais qu'elle avait dit non. Elle ne voulait pas être l'épouse de… elle voulait être elle, libre. Capa avait encaissé, blessé, jaloux, il avait tenté de prendre ses distances pour ne pas souffrir, mais leur complicité n'en avait pas pâti. Quand il était remonté en juillet à Paris, il lui avait confié sa caméra pour qu'elle continue à filmer. La mort a figé leur couple tel qu'en lui-même pour l'éternité. D'un coup, Capa est devenu nihiliste, a dit Cartier. Il est surtout devenu d'une lucidité sans tache. Il a compris qu'il est vain de se projeter dans le futur quand, à tout instant, tout peut basculer, qu'il ne faut jamais croire que les liens de l'amour peuvent résister à tout.

– C'est pour ça qu'il a pris beaucoup de risques pendant la guerre ? Il n'avait rien à perdre ?

– Puisque l'on peut tout perdre à chaque seconde, il a décidé qu'il continuerait toujours à avancer pour ne pas rester englué dans le tragique, qu'à la gravité du réel, il opposerait l'humour et l'ironie.

– Vous pensez qu'il est guéri aujourd'hui ?

– Je pense qu'il ne faut pas tomber amoureux de Capa, Ingrid.

– Je crains que ce ne soit trop tard…

J'étais si triste, Chim, en écoutant ton récit si sombre de la mort de Gerda. Il avait éclipsé la forte lumière d'août qui rentrait dans l'atelier de la rue Froidevaux. Je n'avais pas soupçonné chez Capa cette douleur, cette noirceur que tu venais de me décrire, lui toujours si enjoué, extraverti, bavard, toujours à se moquer de lui-même, toujours attentif aux autres, toujours à rire, le sourire fendu jusqu'aux oreilles, la cigarette au bec, les yeux mi-clos. J'étais triste et je crois que tu t'en es aperçu. Tu m'as pris le bras et tu m'as proposé de me servir un thé. Je t'ai demandé de me raconter comment Capa avait réussi à se remettre de la mort de Gerda :

– Quand il est enfin parvenu à sortir de l'atelier, il est parti à New York rendre visite à sa mère. Là-bas, il a écrit un livre : *La Mort en marche*. Dédié à : *Gerda Taro, qui a passé un an sur le front espagnol et qui y est restée*. C'était un livre de propagande pour convaincre les Américains d'aider les Républicains. Capa a légendé ses photos, celles de Gerda et les miennes. André Kertész, un photographe hongrois qui vivait à New York depuis un an, a dessiné la maquette du livre et Jay Allen a écrit la préface. Capa payait sa dette à Gerda. Elle l'avait aidé à grandir. Elle l'avait révélé à lui-même, ils s'étaient révélés l'un à l'autre. Elle était très volontaire. Elle venait d'une famille juive bourgeoise. Son père était banquier. Avec ses frères, elle avait commencé à distribuer des tracts antinazis en 1933, elle s'était fait arrêter par une patrouille de SA, un soir chez ses parents à Leipzig. Les nazis venaient pour ses frères, ils l'ont prise elle et l'ont conduite en prison. Elle avait peur, mais n'a pas craqué. Ils l'ont gardée quatre semaines. Quand elle est sortie, elle a fui à Paris. Elle a retrouvé tous les réfugiés allemands qui se donnaient rendez-vous au café Capoulade, à l'angle du boulevard Saint-Michel et de la rue Soufflot. Ils se sont croisés avec Capa, ils se sont flairés et tout de suite trouvés dans ce Montparnasse où tous les artistes, photographes, cinéastes, modèles, peintres de la planète convergeaient. Elle est devenue son *manager*, comme il disait. Elle l'aidait à rédiger ses légendes et à vendre ses clichés, il lui apprenait le maniement d'un appareil photo et les secrets du travail en labo.

– Et c'est elle qui lui a trouvé son surnom ?

– Elle disait que pour réussir à vendre ses reportages, il devait porter un nom à l'américaine, qu'avec son nom d'immigré juif hongrois, Endre Ernő Friedmann, ça ne marcherait jamais, encore moins bien qu'avec un nom d'immigré juif polonais. Alors ils ont cherché et ils n'ont pas eu à aller très loin. *New York-Miami*, le film de Frank Capra, était sur tous les écrans parisiens en septembre 1934. Ils ont jeté le R et "Capa" s'est imposé. Avec "Robert" dans la foulée, ce prénom français, avec son diminutif américain, "Bob". Gerda a largement augmenté ses tarifs pour vendre les photos de la star américaine Robert Capa. "Oh, le misérable, il est encore parti sur la Côte d'Azur avec une femme", disait-elle devant les clients pour faire monter les prix. La supercherie n'a pas tardé à être découverte par Lucien Vogel, le patron de *Vu*, un tout jeune hebdo qui publiait beaucoup de photos, mais Endre a gardé son nom de scène. Et Gerda aussi s'est offert un pseudo. Elle adorait John Reed et ses *Dix jours qui ébranlèrent le monde*, mais un autre nom l'a inspirée : Greta Garbo, son actrice préférée. Elle qui s'appelait à l'origine *Gerta* est devenue *Gerda*, et *Pohorylle*, *Taro*. Et bientôt les deux noms se sont retrouvés dans tous les journaux, en train d'inventer le reportage de guerre photo en Espagne. Nous avions changé de nom tous les trois pour mieux gagner notre vie. Gerda et Bob sont partis une première fois ensemble à Barcelone. Lucien Vogel avait affrété un avion pour réaliser un numéro spécial de *Vu* sur l'Espagne, fin août 1936.

L'avion s'est crashé à l'atterrissage et des journalistes, dont Vogel, ont été blessés, mais pas nos deux tourtereaux. Ils avaient la chance des amoureux. En Espagne, Gerda a fini par attraper le virus. Les premiers mois, Bob et elle signaient leurs photos Capa. Elle a vite trouvé ça injuste. Elle voulait exister par elle-même. C'est pour ça qu'elle a refusé de se marier. Elle serait devenue Mme Capa et elle voulait être Gerda Taro. Les photos ont été légendées Capa-Taro. Puis Taro toute seule quand Gerda est devenue photographe de *Ce soir*, début 1937. Nous avions l'habitude Gerda, Capa et moi, de ramener l'essentiel de nos négatifs rue Froidevaux. Mais quand la guerre a éclaté, avec Bob, on a trouvé plus sage de ne pas rester à Paris, compte tenu de nos pedigrees de métèques. Capa avait un visa chilien que lui avait fourni son ami Pablo Neruda, alors consul à Paris, et il s'est embarqué pour le Mexique. Avant son départ, il a confié une partie de nos négatifs à notre voisin Émile Muller qui les a cachés dans son grenier. Csiki Weisz, qui tirait nos photos rue Froidevaux, en a emporté une autre partie avec lui quand il a gagné Marseille. Là-bas, il a trouvé plus sûr de les confier à des diplomates mexicains. Depuis, on ne sait pas ce qu'ils sont devenus. Il y avait quand même plus de quatre mille cinq cents négatifs… quatre mille cinq cents négatifs qui se sont fait la valise, quel gâchis !

– Tu sais Chim, quand nous sommes repartis de l'atelier de la rue Froidevaux, j'étais abattue, mais je me sentais aussi plus conquérante que jamais. Huit ans s'étaient écoulés depuis la mort de Gerda et je voulais croire Capa totalement remis. S'il ne l'était pas, j'allais lui administrer un remède de cheval. Il avait aimé Gerda ? Et alors ? Il allait adorer Ingrid. Mon amour allait tout emporter, cicatriser ses plaies, le délivrer de ses fantômes. J'étais sûre qu'il commençait à m'aimer, je le sentais à ses mains sur mon ventre, à sa façon de chuchoter à mon oreille, tout en caressant le bas de mes reins. Ce soir-là, je lui ai dit que tu m'avais tout raconté sur vos premières années en Espagne. Et il m'a parlé de toi. Il t'admirait tant. Il m'a dit que sur tes conseils, il avait essayé de lire *Ulysse*, mais qu'il avait vite abandonné. Il préférait les romans policiers dans sa baignoire. Il se moquait de toi parce que tu aimais Joyce, qu'il trouvait illisible, mais il était bluffé par tes connaissances encyclopédiques. Il rigolait de ton côté rabbin ashkénaze, toujours à porter sur ton visage tout le malheur du monde, mais il louait ta grande sagesse. Vous vous complétiez bien : toi timide, lui expansif, toi réservé, lui exubérant, toi pince-sans-rire, lui espiègle, toi pessimiste, lui pragmatique. Capa m'a raconté vos soirées au Dôme avec Cartier-Bresson, où vous échangiez vos tuyaux pour contacter des rédacteurs en chef et vendre vos photos. Il disait que tu avais toujours un coup d'avance sur tout le monde. Tu travaillais pour *Regards* quand lui avait encore du mal à trouver un job. Tu es le premier à qui il a confié son idée de créer une coopérative de photographes qui assurerait leur indépendance, les rendrait propriétaires de leurs négatifs, les affranchirait de la loi des journaux qui massacraient leurs légendes et recadraient leurs photos en dépit du bon sens. Il était toujours passionné quand il me parlait de ça. Tu vas devoir assurer, Chim, pour sauver Magnum maintenant que Capa n'est plus là.

– Il croyait en la chance, c'est sa grande différence avec moi, qui sais que c'est une fausse amie, qu'on ne peut jamais compter sur elle. La chance a été si peu charitable avec lui. Elle lui a fait perdre des sommes folles au jeu et, à la fin, elle lui a coûté la vie, tout simplement.

Plus je découvrais Capa, plus je voulais le garder pour moi. Je n'imaginais pas quitter Paris sans lui. Si je rentrais à Hollywood, je devais le convaincre de m'accompagner. Il n'arrêtait pas de répéter que la photo était finie, qu'il était chômeur, qu'il souhaitait se lancer dans le cinéma : j'allais le prendre au mot. Ce ne serait pas si compliqué pour lui. Après tout, il avait déjà été cinéaste pendant la guerre d'Espagne. Il m'avait raconté aussi avoir tourné un film en Chine avec Joris Ivens au printemps 1938 sur la guerre avec les Japonais. Il disait que c'était au cours de ce voyage qu'il avait appris à parler anglais. Je ne suis pas sûr qu'il en gardait un très bon souvenir, car son poste d'assistant l'avait empêché de photographier à sa guise. Il pourrait aussi faire l'acteur. Il était si drôle. Toujours à blaguer, sans méchanceté, à ses dépens le plus souvent. J'adorais quand il racontait son angoisse dans le brouillard des Ardennes de tomber sur des G.I. qui le prennent pour un ennemi infiltré à cause de son accent hongrois. Un jour, un G.I. le met en joue. « Du calme ! », crie-t-il. Le gars se met à tirer en l'air en croyant entendre de l'allemand. Capa lève les bras en criant : « Camarade ! Camarade ! » Trois soldats marchent alors vers lui. Ils voient ses trois appareils autour du cou, un Rolleiflex et deux Contax, et croient avoir touché le gros lot. Mais Capa leur demande de prendre dans sa poche intérieure sa carte de correspondant de guerre signée par Eisenhower en personne. « J'aurais dû fusiller ce connard avant », grinça le soldat, déçu de laisser filer les appareils. Capa aimait raconter cette histoire. Il y voyait le symbole que la vie tient à pas grand-chose, à un simple mot mal prononcé, mais aussi qu'on n'échappe jamais complètement à ses origines, au pays d'où l'on vient. Il se vantait de parler cinq langues, mais chacune avec un accent différent : le français avec un accent hongrois, l'espagnol avec un accent français, l'allemand avec un accent espagnol et quand il parlait anglais avec moi, j'entendais l'accent de l'amour…

Un soir, il m'emmena rue de Lappe au Balajo, le temple du bal musette. Bob voulait m'apprendre la java. Je ne lui avais pas raconté que j'étais une championne du jitterbug, car je n'étais pas certaine que cela se danse au son de l'accordéon. Nous retrouvâmes là-bas David Scherman, un autre photographe de *Life*, en compagnie d'une très belle femme, une blonde aussi grande que moi et qui avait couvert la guerre comme photographe pour *Vogue*. Capa me glissa à l'oreille qu'elle était l'ancienne muse de Man Ray et des surréalistes, qu'elle était aujourd'hui la compagne de David, tout en étant en couple avec un peintre anglais, Roland Penrose, ami de Picasso et de Paul Éluard. J'étais admirative de son aisance dans l'univers de velours rouge du Balajo, qui ressemblait à celui des maisons closes telles que reconstituées dans les studios de Hollywood.

– Lee, ta photo de David dans la baignoire de Hitler à Munich, excuse-moi de te le dire, n'a aucun intérêt.

David y a l'air aussi à l'aise qu'une otarie dans un verre de Fernet-Branca. En revanche, toi, tu es somptueuse dans la baignoire du Führer ! Bravo David, car, crois-moi, je mesure la difficulté. Tu sais que j'ai essayé de photographier Ingrid à Berlin dans une baignoire, je n'ai pas réussi à avoir un seul cliché correct. Ta photo est parfaite. Lee, je ne savais pas que tu partageais ma passion pour les bains. Très gracieuse ta pose en train de te frotter le dos avec cette petite statue de Vénus qui te contemple en se reniflant le dessous-de-bras. Que Hitler te regarde te laver ne t'a pas gênée ?

– Ça fait longtemps que le regard des hommes sur ma nudité ne me gêne plus, mon cher Bob, au contraire, et tu le sais bien. Une idée de David, il voulait que le propriétaire des lieux soit sur la photo et on a posé ce portrait de propagande en arrière-plan. Tu as vu que cet enfant de salaud n'a pas apprécié que je lui emprunte sa salle de bains ? De rage, il s'est suicidé le soir même de notre prise de sa baignoire munichoise. Si tu savais comme il était bon, ce bain, ça faisait des semaines que je traînais dans le même pantalon, celui que je portais quand j'ai quitté Paris. Dans la putain de baignoire d'Adolf, je me suis débarrassée de la crasse de Dachau et de l'horreur de Buchenwald. Tu imagines un camp de la mort de cinquante mille personnes ? Je sais que tu n'as pas voulu y aller. Moi, j'ai photographié en gros plan les cadavres empilés comme des tas d'ordures pour que personne ne puisse dire qu'il ne savait rien et j'ai supplié de les publier, ces atroces photos, sans fausse pudeur. Et Condé Nast a osé, entre deux pages de mode. Incroyable ! J'avais tellement insisté.

Lee Miller haussait de plus en plus la voix, sans s'en rendre compte, tirant sans cesse sur sa cigarette.

» J'ai aussi photographié les habitants de Weimar lorsque Patton leur a ordonné de venir voir l'horreur en face. Combien avaient travaillé dans ces camps ? Tous feignaient la surprise alors qu'ils ne découvraient rien du tout… Ils savaient tous… Je hais les Allemands. Tous ces gens qui prétendent n'avoir rien vu, rien su des travailleurs forcés, des juifs déportés, des opposants torturés. Tous ont la carte du parti, mais pas un n'assume avoir soutenu Hitler. Tous pensent qu'il n'a rien fait de mal, à part perdre la guerre. Tous jurent maintenant avoir des amis juifs et les avoir aidés. Tous sont gras du bide, bien nourris avec les matières grasses volées aux pays occupés. Tous vivent dans le confort de leurs cuisines dotées d'appareils électriques. Quand je pense qu'ici à Paris, l'électricité est encore si aléatoire. Pas plus tard que cet après-midi, je suis restée bloquée dans l'ascenseur du Scribe à cause d'une coupure de courant.

– David m'a dit que tu étais allée suivre le procès de Pétain ?

– Encore un qui n'a rien vu, rien su, rien entendu. À quatre-vingt-neuf printemps, il portait beau comme un jeune officier de vingt-cinq ans dans son uniforme immaculé de maréchal de France avec ses médailles sur la poitrine. Il a prétendu être sourd comme un pot et ne pouvoir s'expliquer sur rien, ce qui ne l'empêchait pas d'intervenir, preuve qu'il entendait très bien, quand il voulait se défendre. Laval lui a porté un coup fatal en disant : "On allait trouver le Maréchal : il était toujours d'accord", ruinant sa fameuse défense : *Ah, si vous saviez tout ce que je vous ai évité*. Évité quoi ? Pétain n'a pas évité aux juifs d'être déportés, ni aux hommes d'être enrôlés dans le STO pour faire tourner la machine de guerre allemande. Sa condamnation à mort n'est que justice, dommage que de Gaulle ait commué sa peine en réclusion à perpétuité. Il y a un dieu pour les salauds... Allez champagne !... Tu sais Bob, tu as bien fait de ne pas aller photographier les camps. J'ai tant de mal à trouver le sommeil depuis. Il me faut quelques verres, beaucoup de verres, et bien des somnifères pour réussir à m'endormir et, le matin, impossible de me réveiller sans ma benzédrine et une tonne de café. Le problème, Bob, c'est que le café de Paris sent le gland. Et je déteste le gland quand il est trop amer.

– Viens me voir au Lancaster, Lee, j'ai du vrai café que m'envoie ma mère de New York.

– Avec plaisir, mais je pars pour l'Autriche et la Russie. À mon retour, peut-être. En attendant si tu me resservais et si nous allions danser ? C'est moi ou il fait vraiment chaud dans cette salle ?

J'étais impressionnée par cette femme si belle et passionnée. Elle me semblait si libre, bien que hantée et vulnérable. À ses côtés, je me sentais trop simple, trop ignorante, trop repliée sur ma petite vie, trop éloignée de l'Histoire en train de s'écrire. Capa m'ouvrait au monde et je le bénissais pour ça. Mais j'éprouvais un insupportable sentiment de jalousie en prenant conscience que lui et Lee avaient partagé tant de choses sur le front d'une guerre que j'avais regardée d'aussi loin que possible. À Londres ou en Normandie, je les imaginais vivre une intimité qui les rendait à jamais plus complices que nous l'étions tous les deux. Et cette pensée me rendait triste.

Petter, le jour de mon trentième anniversaire, le 29 août, m'a adressé un habile ultimatum, une lettre de Pia pour réclamer mon retour après huit semaines d'absence. *Bel anniversaire, Maman ! La guerre est finie et les soldats maintenant vont pouvoir rentrer chez eux et revoir leur maman. J'aimerais moi aussi retrouver la mienne après toutes ces semaines où tu m'as tant manqué.* Petter avait ajouté en post-scriptum que Hitchcock avait cherché à me joindre et qu'il s'inquiétait de savoir si j'avais toujours envie de tourner avec lui. Comme s'il pouvait en douter. Je soupçonnais Petter d'avoir tout inventé. Stratagème ou non, je savais que l'heure tournait. Septembre arrivait et je ne pouvais justifier une plus longue absence. Il me fallait rentrer. Ou rester. Mais Capa ne me l'avait pas demandé. Je le sentais amoureux, mais pas possessif. À l'inverse de moi qui n'imaginais pas le quitter après ces journées de pur bonheur.

– Bob, il faut que je rentre chez moi. Pia m'a écrit et les studios, paraît-il, commencent à s'impatienter.

Capa s'était arrêté chez un bouquiniste le long de la Seine et m'avait offert un petit livre en français, *L'Étranger*, d'Albert Camus, alors que nous marchions quai des Grands-Augustins.

– Je n'ai pas lu le livre, mais j'ai lu l'éditorial que Camus a écrit dans *Combat* après Hiroshima, et j'ai trouvé qu'il posait une bonne question : *Il va falloir choisir, dans un avenir plus ou moins proche, entre le suicide collectif ou l'utilisation intelligente des conquêtes scientifiques*. Ça m'a paru très sensé. Tu ouvriras le livre à Beverly Hills, ça te rappellera Paris et tu me diras si ça vaut le coup que je le lise. Si oui, je viendrai te l'emprunter à Hollywood. De toute façon, je dois passer à New York embrasser ma mère, je lui ai promis, et je pousserai peut-être jusqu'à la côte Ouest.

– Je suis sûre que ce livre vaut la peine d'être lu. Et convaincue que tu dois me rejoindre à Los Angeles. Tu l'as dit toi-même, tu es au chômage. Tu vas tourner en rond ici. Viens avec moi. Tous les patrons de studio vont vouloir que tu leur racontes ta vie. Tu vas être un héros de film formidable, Bob Capa, *le plus grand photographe de guerre du monde*, mon amour. Bob, veux-tu m'épouser ?

Hitchcock, sorti de sa rigidité de perfectionniste, était le plus farceur, le plus inventif et le plus intuitif des metteurs en scène. Pour mon retour à Hollywood, Chim, il m'a offert le plus long baiser de l'histoire du cinéma. Comme s'il avait compris qu'il me fallait embrasser à plus soif pour compenser le mal de Paris et le manque de Capa. Comme s'il avait senti que je n'étais plus la femme malheureuse qu'il avait connue un an plus tôt, quand nous avions tourné *La Maison du docteur Edwardes* avec Gregory Peck, mais une femme amoureuse. Le retour au 1220 Benedict Canyon avait été un calvaire. La joie de serrer Pia dans mes bras, de sentir son doux parfum d'enfant, de lui donner des petits bisous dans le cou, de la regarder jouer en rigolant dans la piscine, de répondre à ses questions sur mon voyage, Paris, l'Allemagne, la guerre, de l'écouter raconter ses aventures de petite Californienne de sept ans, n'avait pas adouci la douleur de l'absence de Capa et la froideur de nos retrouvailles avec Petter.

Je ne le supportais plus et, une fois encore, j'étais impatiente de m'échapper. Mon Oldsmobile connaissait par cœur le chemin des studios RKO, 780 Gower Street, à qui Selznick nous avait loués, Hitch et moi, les deux Européens de son écurie, pour tourner *Les Enchaînés* contre la somme rondelette de huit cent mille dollars et cinquante pour cent des bénéfices. Le film, je crois, a rapporté dix fois plus, Selznick n'a pas été malheureux, sur ce coup. Ça énervait au plus haut point Hitch que d'autres puissent faire des fortunes avec son génie. Il n'avait pas l'âme d'un employé, fût-il très bien payé. Le plus long baiser de l'histoire du cinéma, Chim, tu n'imagines pas le boulot… ça n'a pas été une partie de plaisir pour Cary Grant et moi. Hitch voulait infliger un pied de nez à la commission Hays qui interdisait sur grand écran les baisers de plus de trois secondes. Il a donc décidé de lui imposer un baiser cinquante fois plus long, un baiser de deux minutes trente, un plan séquence sublime ! Une géniale provocation. On s'embrassait trois secondes avec Cary et on s'interrompait pour se chuchoter à l'oreille, puis on s'embrassait de nouveau et on s'interrompait. Hitch nous avait demandé d'improviser autour de la nourriture. « La nourriture, c'est un substitut du sexe », disait-il toujours, ce qui, chez lui, était bien davantage qu'une métaphore, un principe de vie, de sa vie. On démarrait par un baiser sur le balcon d'un appartement avec vue panoramique sur Copacabana. Et je lançais :

– C'est magnifique ! Ne sortons pas pour dîner, dînons ici.
– On doit manger.

Et on s'embrassait.

– Je peux te cuisiner ici tout ce que tu désires.
– Je croyais que tu n'aimais pas cuisiner ?
– Non, je n'aime pas cuisiner.

On s'embrassait.

– Mais, j'ai un poulet au frigo et tu vas le manger.
– Et que va-t-on faire pour la vaisselle ?
– On va manger avec nos doigts.
– Avons-nous besoin d'assiettes ?
– Oui, une pour toi et une pour moi.

On s'embrassait.

– Veux-tu dîner avec moi ce soir ?
– Je serais enchantée.

On s'embrassait. Cary faisait mine de rentrer dans l'appartement pour attraper le téléphone.

» Où vas-tu ?

– Je dois téléphoner à l'hôtel pour voir si j'ai des messages.

– Tu dois vraiment ?

– Oui.

On s'embrassait.

– C'est une histoire d'amour très étrange.

– Pourquoi ?

On s'embrassait alors que Cary composait un numéro.

– Peut-être parce que tu ne m'aimes pas.

– Allô, Palace hôtel ? Monsieur Devlin, y a-t-il des messages pour moi ?

On s'embrassait.

– Comment peux-tu le savoir ?

On s'embrassait.

– Tu ne m'as rien dit.

On s'embrassait.

– Ce que je fais en dit plus long que tous les mots.

On s'embrassait.

» Allô, il y a des messages ? Lisez-les-moi.

On s'embrassait.

» Prescott veut me voir tout de suite

On s'embrassait.

– Il a dit pourquoi ? Ça a sans doute à voir avec notre mission.
– Sans doute

On s'embrassait.

» Veux-tu que je rapporte quelque chose ?
– Oui, pourquoi pas une bonne bouteille de vin pour fêter ça.

On s'embrassait.

– À tout à l'heure, 19 heures.
– Au revoir.

Pile deux minutes trente de plan séquence qui ne tournait qu'autour de nos bouches. Ça te fait rire Chim ! Cette cargaison de baisers au milieu d'une histoire de poulet, c'est un peu surréaliste, je te l'accorde… Tu riras encore plus quand tu sauras comment l'idée de cette scène est venue à Hitch. Il était dans le train un jour entre Boulogne-sur-Mer et Paris et il voit à travers la fenêtre une grande usine en brique rouge. Au pied d'un mur, un garçon et une fille se tiennent par la main. Le garçon est en train de faire pipi contre le mur et la fille le regarde tout en jetant des coups d'œil autour d'eux, sans jamais lui lâcher la main. « C'est ce qui m'a fait penser, nous racontait Hitch, que rien, jamais, ne doit interrompre une idylle, pas même une envie de faire pipi… » Il s'est beaucoup amusé à se moquer ainsi d'Hollywood et de sa fausse morale rigoriste. La commission de la censure n'a rien pu dire. Et elle n'a pas pu non plus obtenir d'Hitchcock qu'il réécrive mon personnage. Elle trouvait Alicia trop débauchée : une femme entretenue, la fille d'un espion traître à son pays, qui boit trop, qui couche trop et qui finit par épouser un agent secret américain, tout cela était trop pour elle et trop excitant pour moi. Avec Cary, nous étions surtout soucieux de paraître naturels et ça nous inquiétait au plus haut point de parler vaisselle en pleine scène d'amour. Hitch me disait toujours : « Si vous doutez de ce que je vous demande de faire, faites semblant d'y croire. » J'ai toujours appliqué ce principe et cela n'a pas si mal fonctionné.

Hitch avait écrit le scénario des *Enchaînés* avec Ben Hecht, avec qui il avait déjà travaillé pour *La Maison du docteur Edwardes*, mais il s'attribuait le seul mérite d'avoir placé au cœur de l'intrigue des bouteilles d'uranium. Ce n'était pas un si grand exploit de penser à l'uranium à l'automne 1945 alors que deux bombes atomiques avaient explosé en août au-dessus du Japon. Mais Hitch s'enorgueillissait d'avoir rédigé le scénario bien avant Hiroshima et Nagasaki. Au printemps, il était allé consulter un physicien nucléaire à Pasadena, un certain Millikan qui devait obtenir un prix Nobel, et celui-ci l'avait prévenu que sa curiosité pouvait lui valoir des ennuis. Hitch était persuadé d'être surveillé depuis que Selznick lui avait dit avoir reçu une lettre du FBI réclamant un droit de regard sur le scénario. Le « MacGuffin » d'Hitchcock, le nom qu'il s'amusait à donner à l'élément moteur de chacun de ses scénarios, cette fois, était bien explosif. Quand le tournage a commencé, le 15 octobre, il était surtout traumatisé par les images des camps qu'il avait regardées en boucle de juin à la mi-août. Il m'en parlait presque tous les soirs.

Il s'était rendu spécialement à Londres pour visionner des dizaines d'heures de rush tournées par les armées anglaise, américaine et russe. Son ami Sidney Bernstein, chef de la section cinéma à l'état-major des forces alliées, avait pour mission de réaliser un film avec tout ça. L'idée, si j'ai bien compris, était de placer les Allemands devant la réalité des crimes commis en leur nom et dont ils prétendaient tout ignorer. Hitch n'est pas sorti indemne de l'exercice, ce qui m'a confortée dans l'idée que j'avais eu raison de ne pas visiter ces camps de la mort. « Insupportable. Pire que n'importe quel film d'horreur », m'a-t-il dit plusieurs fois, le soir après le tournage. Les Martini l'aidaient à se libérer, mais Hitch avait un principe : ne jamais boire avant 18 heures. Quand il démarrait, rien ne l'arrêtait plus. Il appréciait que je l'accompagne et comme j'avais une bonne descente, il me surnommait « le siphon humain ». Élégant, non ? Je suis vraiment comme ça, Chim ? J'ai une tête de siphon ? Ressers-moi du champagne, s'il te plaît, avant que la bouteille ne se réchauffe.

Devant nos Martini, Hitch me racontait les questions qu'il s'était posées à Londres face aux kilomètres de pellicule : Comment convaincre que les images des libérateurs n'étaient pas truquées, comment éviter que les générations futures s'interrogent un jour sur l'authenticité des documents montrés, sachant que l'horreur de ces camps d'extermination est inimaginable, inconcevable ? Notre virtuose de la pellicule pensait avoir trouvé la solution en coupant le moins possible les plans des opérateurs des armées alliées, en privilégiant la durée, les panoramiques, les plans d'ensemble qui reliaient les cadavres dans les fosses communes aux wagons qui les avaient transportés, aux bourreaux devenus prisonniers, aux libérateurs sidérés et à une population allemande obligée de regarder l'intérieur de ces camps autour desquels elle vivait. Hitch était ennuyé d'avoir dû quitter Londres avant d'avoir achevé le montage. Il n'était pas du tout certain que le film sorte un jour : « Les gens vont vite être pressés d'oublier toutes ces atrocités et pas seulement les Allemands qui ont commis ces crimes affreux, mais aussi tous ceux qui en ont été victimes et qui n'ont qu'une envie, retrouver au plus vite une vie normale », disait-il. De fait, à ma connaissance, Chim, le film n'est jamais sorti…

Quelle vie allaient retrouver les anciens criminels de guerre nazis ? Ce sujet aussi obsédait Hitch. C'était celui des *Enchaînés*. Pour lui, ils allaient forcément tenter de continuer leur combat sous des formes plus dissimulées. Le nazisme était désormais caché dans des vies normales, au centre de villes en apparence pacifiées, disséminé au sein du monde libre. Comme cette communauté à Rio de Janeiro rassemblée autour du personnage d'Alexander Sebastian que jouait l'adorable Claude Rains, le capitaine Renault de *Casablanca* que j'étais contente de retrouver. Hitch a pris un rare plaisir, je crois, à filmer ce ménage à trois pris entre désir et raison d'État, déchiré entre vie privée et sens du devoir. L'agent Devlin pousse Alicia, la femme qu'il aime, à coucher avec un nazi. Le nazi complote contre le monde libre mais sa dulcinée complote contre lui par amour de Devlin et de la patrie…

– L'amoureux qui pousse celle qu'il aime dans les bras d'un autre, chère Ingrid, c'est Hitchcock qui filme l'actrice sur laquelle il fantasme en train d'être séduite par un acteur, non ?

– Hitch était sans doute un peu amoureux de moi, mon cher Chim, il s'amusait à me faire du gringue, mais il n'a jamais eu de geste déplacé à mon égard. Quand nous enchaînions les Martini à la fin d'une journée de tournage, il s'endormait d'ailleurs toujours très vite. Un soir, nous dînions chez lui et Hitch préparait un cordon-bleu dans la cuisine. Nous rigolions bien, mais l'accumulation des Martini a fini par me peser. Je me suis excusée et suis partie m'allonger sur un sofa dans le salon pendant que Hitch poursuivait son œuvre dans la cuisine. Quand je me suis réveillée au milieu de la nuit, il était installé sur un autre canapé en train de dormir. Les Martini avaient aussi eu raison de lui. On n'a jamais attaqué le cordon-bleu. Bien des années plus tard, il m'est revenu aux oreilles que Hitch racontait qu'un soir j'avais dîné chez lui et que je n'avais pas voulu en repartir avant qu'il ne m'ait fait l'amour. Peut-être était-ce une allusion à cette nuit où nous avons dormi ensemble, chacun sur notre canapé, une nuit qu'il aurait rêvée peut-être plus olé olé.

Enfin Capa est arrivé. Sans se presser. Il a débarqué en décembre de New York où il avait passé plusieurs jours avec sa mère et son frère qu'il n'avait pas vus depuis une éternité. Il a prétexté une commande de *Life* pour se rendre sur le plateau des *Enchaînés*. Il a laissé Hitchcock nous présenter l'un à l'autre, comme si de rien n'était. Mes yeux irradiaient de bonheur de le retrouver après presque trois mois d'absence. J'étais triste depuis plusieurs semaines qu'il ne se soit pas précipité à Beverly Hills pour me rejoindre. Quand nous nous étions quittés, début septembre, il était parti photographier Roch Hachana, le nouvel an juif, dans une synagogue de Berlin, la première célébration depuis 1938. J'avais insisté pour qu'il me rejoigne ensuite au plus vite à Hollywood. Je lui avais même laissé entendre que j'étais prête à divorcer pour lui. Prête à l'épouser pour devenir Mme Capa. Je lui avais dit sur un ton léger, presque sur le ton de la plaisanterie :

– Si je divorçais, tu serais prêt à t'afficher avec moi à Los Angeles ?

– Même si tu ne divorçais pas.

– Mais si je ne divorce pas, tu n'aurais pas peur du qu'en-dira-t-on si on nous voit ensemble ?

– Avec toi, je n'ai peur de rien.

– Tu ne craindrais pas qu'un écho mal intentionné dans un journal nuise à ta carrière ?

– Ma carrière de photographe de guerre ne vaut plus rien en période de paix. Je suis au chômage désormais.

– Donc, je n'ai nul besoin de devenir Mme Capa pour que nous soyons ensemble ?

– Nous sommes ensemble. Le mariage ne nous rendrait pas plus amoureux ou plus libres. Au contraire. Si je me mariais avec toi, je ne pourrais plus jamais partir, tu en aurais vite assez que je m'accroche à tes jupes.

– Mais je ne serai jamais lasse que tu me les décroches…

Je n'ai pas insisté, mais un doute m'avait saisie. Capa m'aimait-il moins que je ne l'aimais ? Quand Bob s'est invité sur son film, Hitchcock n'a pas été dupe. Un soir entre deux Martini, je lui avais demandé tout à trac s'il pensait qu'un reporter photographe qui a couru toutes les guerres de la terre pourrait se reconvertir à Hollywood comme photographe de plateau. Hitch avait été étonné de ma question : « Vous vous intéressez aux photographes de guerre, maintenant ? S'il en a terminé avec sa vie aventureuse, votre ami s'accommodera peut-être de rester cloué à Hollywood, mais le métier risque de vite le lasser et de lui donner envie de repartir. Je l'imagine mal descendre de sa jeep en battle-dress avec sa barbe de trois jours et patienter derrière un décor avant qu'on l'autorise à prendre des clichés. Un aventurier a du mal à rester immobile, sauf s'il a une jambe dans le plâtre et qu'il doit garder la chambre. Et même là, il serait capable de regarder par la fenêtre pour chercher l'aventure dans la cour de son immeuble. D'ailleurs, cela pourrait être un bon sujet de film, un photographe cloué chez lui, qui observe ses voisins et que sa petite amie presse de l'épouser… Qu'en pensez-vous, chère Ingrid, vous vous verriez dans le rôle de la petite amie ? »

Sa première journée sur le plateau des *Enchaînés*, Capa l'a passée à photographier la scène de la clé. La caméra d'Hitchcock est placée en haut d'une grue. Elle filme au-dessus d'un grand lustre qui domine une immense salle de réception. Elle suit un escalier en pierre, puis plonge vers le sol pour se rapprocher d'Alicia et d'Alexander au centre de la pièce en train d'attendre leurs invités. La caméra zoome jusqu'au poing fermé d'Alicia. Il contient la clé de la cave qu'elle doit visiter discrètement avec Devlin, mais celui-ci n'est pas encore arrivé… Tu te souviens de cette photo magnifique de Bob où je suis de face dans ma longue robe de soirée noire et, à ma gauche, il y a la caméra énorme posée sur le plateau de la grue qui filme mon poing, et le réalisateur de profil, la main devant sa bouche comme s'il chuchotait, qui donne des instructions au cadreur, au milieu d'assistants et de figurants ?

– Oui, je l'ai vue cette photo, nous l'avons à Magnum, elle est superbe.

– À la fin de la journée, Hitch nous a conviés à prendre un verre dans son bureau, Bob et moi…

– Monsieur Capa, quel plaisir de vous compter parmi nous ! Doit-on déduire de votre présence que vous êtes tenté aujourd'hui de vous installer à Hollywood ?

– Autant je suis sûr que la photographie peut se passer de mes services désormais puisqu'un photographe de guerre en temps de paix n'a plus de raison d'être, autant je ne suis pas certain que le cinéma ait besoin de moi. J'ai quelques amis chers à Hollywood, je vais voir s'ils m'encouragent à rester un peu parmi eux ou non.

– Los Angeles, vous verrez, est un endroit plaisant, mais ce n'est pas facile de comprendre les gens. Je suis certain cependant que vos amis auront des arguments très convaincants pour vous persuader de demeurer parmi nous, n'est-ce pas Ingrid ?

Hitch me jeta un regard qui confirmait que, bien sûr, rien ne lui avait échappé…

Capa s'était installé au Jardin d'Allah, tu le connais Chim, cet hôtel entre Chateau Marmont et le Schwab's Drugstore avec sa piscine qui reproduit la mer Noire. Je ne sais plus comment Alla a fini par gagner un h. Je crois que c'est lié au film *Le Jardin d'Allah* avec Marlene Dietrich. Capa séjournait dans l'un des vingt-trois bungalows de style espagnol. Il ne comprenait pas que je ne coure pas le rejoindre dans son pied à terre et j'ai dû lui expliquer que c'était le pire endroit pour se voir, plein de méchantes langues de vipère. Qui toutes se feraient un plaisir si elles nous croisaient de tout rapporter aux pires d'entre elles à Hollywood, Louella Parsons et Hedda Hopper. Ces gardiennes de la supposée moralité des studios et de l'Amérique ont des yeux et des oreilles dans tout Beverly Hills, et bien au-delà. Elles violent toutes les intimités avec l'aide du FBI de M. Hoover qui les prévient des sorties de route de tel ou telle ; les gynécologues indélicats les informent des grossesses non désirées et les coiffeurs prévaricateurs les avertissent des alopécies plus ou moins bien dissimulées des acteurs déclinants. Elles font et défont les carrières, cassent les réputations. Louella Parsons ne m'a pas épargnée quand Howard Hughes, pensant assurer la promotion de *Stromboli* qu'il produisait, lui a appris que j'étais enceinte de Rossellini en décembre 1949. Elle a aussitôt annoncé l'événement dans le *Los Angeles Examiner*. Quel charivari ! Ça a bien secoué. Elle avait été furieuse que je ne la prévienne pas de ma demande de divorce officielle avec Petter après mon départ en Italie : elle se vengeait bassement. Mais, fin 1945, Chim, je craignais trop ces deux commères, par peur d'abîmer mon image de petite sainte. Le monde entier était persuadé que j'avais une vie de famille exemplaire, que j'étais une épouse et une mère de famille en tout point parfaite, je ne pouvais prendre aucun risque. Surtout, et ce n'était pas de chance pour Capa, son arrivée à Los Angeles, en décembre, a coïncidé avec la sortie des *Cloches de Sainte-Marie* avec Bing Crosby. Je jouais sœur Mary Benedict qui s'oppose au père O'Malley sur l'éducation des enfants d'une école religieuse. Avec ce rôle, je suis devenue une icône catholique. Au même moment, *La Maison du docteur Edwardes*, qui a valu à Hitchcock un Oscar en 1946, et *L'Intrigante de Saratoga*, que j'avais tourné avec Gary Cooper et Sam Wood dans la foulée de *Pour qui sonne le glas,* étaient à l'affiche.

« Impossible, en décembre 1945, de trouver à New York un film où Bergman ne joue pas », plaisantait-on à l'époque. J'étais sur le fronton de tous les cinémas. Selznick n'avait pas à s'en plaindre. À la fin 1945, mes films avaient totalisé vingt et un millions de dollars d'entrées. Je n'étais pas à plaindre non plus, si heureuse que Bob soit arrivé.

Je l'ai retrouvé ronchon. Il me reprochait de ne pas le voir et il maudissait une nouvelle fois L.A., cette ville où un homme sans auto est un handicapé. À son arrivée, il s'est dépêché d'obtenir un permis de conduire provisoire, mais il n'a pas tout de suite acheté une voiture. Les taxis étaient rares et chers. Il a préféré apprendre à commander des limousines de studio dès qu'il en a eu l'occasion. Par chance, j'ai vite obtenu deux journées de repos. Suspendu le tournage des *Enchaînés*. À nous la liberté, enfin ! Je n'avais rien dit à Petter, bien sûr. Le matin, je quittais la maison comme si de rien n'était et je descendais Mulholland Drive en direction de Santa Monica. Puis je longeais la mer jusqu'à Amarillo Beach. Au 18 Malibu Road, Capa m'attendait. Irwin Shaw lui avait prêté la maison qu'il louait près de la plage. Tous les dimanches, les Shaw y réunissaient leurs amis. Marian, la femme d'Irwin, cuisinait d'exquises salades et le maître de maison excellait dans la confection des cocktails et l'art de les servir et de les resservir. Parmi les habitués du couple, il y avait l'ex-lieutenant-colonel George Stevens et quelques anciens de son équipe de tournage dont Irwin et Ivan Moffat, deux de ses quatre scénaristes chargés de décrire pour l'état-major ce que filmaient les caméras de l'US Army. Muffat, Stevens, Shaw et Capa avaient passé des nuits à Londres à jouer au poker avant le débarquement, ils avaient continué à Paris à la Libération. Capa disait que Stevens ne s'était pas remis de ce qu'il avait vu au camp de Dachau. Il ne cessait de répéter que c'était fini pour lui, les comédies frivoles qu'il réalisait avant la guerre avec Katharine Hepburn ou Fred Astaire. Cette dépression inquiétait Bob, lui-même vampirisé par ses années de guerre.

Chez les Shaw venaient aussi, en voisins, leur homonyme, le clarinettiste de jazz Artie Shaw et sa femme Ava Gardner. Tout le monde était gêné, racontait Capa, par la façon dont le musicien la rabaissait en permanence. Il lui répétait à chaque occasion qu'elle était belle, mais bête comme une oie, c'était son mot. Je n'étais pas la seule épouse à être mal traitée par son mari…

C'était si excitant, cette journée d'école buissonnière à Malibu ! Nos retrouvailles aux studios de la RKO de Gower Street avaient été frustrantes. À Malibu, nous avons enfin pu nous flairer, nous toucher, nous embrasser. Les trois mois de séparation avaient été une épreuve. J'avais oublié jusqu'au plaisir de faire l'amour.

Je n'étais pas certaine qu'il en soit de même pour Capa. Mais peu importe. Nous avons trinqué au champagne et nous nous sommes laissé porter pendant des heures par le plaisir, la redécouverte de nos visages, de nos corps, de nos odeurs. La maison pour nous seuls était un enchantement. Nous passions de pièce en pièce et, à chaque fois, nous terminions devant l'océan Pacifique…

– Allons manger une glace sur la plage.

– Tu es fou, si l'on croise quelqu'un…

– On ne croisera personne. Et puis si tu sors, comme ça, personne ne te reconnaîtra. Et pour cause, quelqu'un t'a-t-il déjà vue nue dans un de tes films ?

– Plein de gens.

– Ils ont dû apprécier. Je comprends mieux pourquoi tes films sont des succès au box-office. Tu vas vraiment finir par me convaincre d'aller les voir.

– Tu es vraiment un salaud, je te déteste. Tu me fais passer jusqu'au goût de la glace et pourtant tu sais que je peux faire des kilomètres pour en déguster une.

– Tu sais qu'ici à Malibu ils ont les meilleurs *hot fudge sundae* du monde ?

– Tu ne m'auras pas par la gourmandise.

– Leur vanille vient directement du sang de la princesse Tzacopontziza.

– Je ne connais pas cette princesse. L'une de tes nombreuses amies ?

– En Italie, pendant la bataille de Monte Cassino, début 1944, j'ai passé quelques heures dans une tranchée avec un ranger des Forces spéciales. Le gars était d'origine mexicaine. Il n'arrêtait pas de me parler de Veracruz, il se revendiquait descendant des Totonaques, les meilleurs producteurs de vanille du monde, disait-il. C'est lui qui m'a parlé de la princesse Tzaco, transformée en liane d'orchidée par la déesse des récoltes. Tu savais que la vanille vient de l'orchidée ? Il m'avait promis d'ailleurs de m'en envoyer, je n'ai jamais rien reçu.

– C'est le chocolat chaud qui coule en petites giclées sur la glace qui donne toute sa saveur au *hot fudge*, pas la vanille.

– Humm... À propos de chocolat, tu sais que les Mayas s'en servaient pour leurs préliminaires de mariage.

– Pour raffermir leur virilité ? Tu n'as pas besoin de ça, *my dear*.

– Madame est flatteuse.

– Et puis, j'ai cru comprendre que tu ne veux pas te marier, alors pourquoi des préliminaires...

– Si c'est la seule façon de te voler aux studios qui t'accaparent, je vais quand même y réfléchir...

– Ces fausses promesses me laissent de glace.

– Pour une actrice suédoise, rester de glace, c'est d'une banalité... Je ne t'ai pas parlé de leur chantilly.

Tu ne vas pas résister. Elle est fouettée à la main par des dominatrices japonaises. Des prisonnières de guerre…

– Mais, tu es immonde, comment peux-tu penser à de telles cochonneries ?

– Quelles cochonneries ? Le shibari est un art noble, ma chère, et, faute de le pratiquer, j'ai bien du mal à m'attacher… Mais, tu as raison, je pars en cacahuète. Tu sais que leurs cacahuètes pilées sont exceptionnelles ?

– Arrête, tu me rends dingue ! Habillons-nous et allons marcher sur la plage.

– Ça y est, je suis embauché à Hollywood !

Capa m'avait appelée au studio pour m'annoncer la nouvelle. À chaque fois qu'il cherchait à me joindre, il s'amusait à se faire passer pour Petter. Avec son accent, personne ne devait être dupe au standard de la RKO, mais je n'ai jamais eu de réflexion.

– Tu es embauché comme photographe ?

– Non, pour écrire et réaliser un film sur moi. Mes mémoires de guerre. Les aventures d'un brillant reporter photographe sur tous les fronts en Europe pendant cinq ans et qui finit vaincu, écrasé par l'amour de la plus grande star d'Hollywood.

– Je t'écrase, c'est ce que tu es en train de me dire ?

– Non, je me suis mal exprimé. Moi, petit Hongrois, mal parler la langue du grand pays américain, désolé m'dame… Je veux dire que mon amour pour toi a été le plus fort et que pour rester près de toi, je vais devenir une sommité des studios Universal Pictures. William Goetz, le boss, me nomme auteur, producteur, réalisateur. Il veut que j'écume les plateaux et les salles de montage. En gros, je deviens son bras droit pour le salaire modique de quatre cents dollars la semaine. Je ne rivalise pas avec les cachets d'une star de l'écurie Selznick, mais pour un début, ce n'est pas si mal, non ?

– Je suis si heureuse, Bob, que tu prennes tes marques à Hollywood ! Je suis sûre que tu vas réaliser un film formidable. La seule chose qui m'ennuie, c'est que je vais devoir partager mon héros avec le monde entier…

Capa avait l'air de s'acclimater. Sa célébrité lui ouvrait bien des portes et il connaissait tant de monde ! Il n'était pas arrivé depuis un mois qu'il m'expliquait tous les dessous d'Hollywood. Il en savait plus sur les nababs des studios que moi depuis sept ans dans la Cité des Anges. William Goetz, son nouvel employeur, était une de ses vieilles connaissances. Il avait fait ses armes à la Twentieth Century-Fox avec Darryl Zanuck, puis il avait fondé International Pictures avant de fusionner avec Universal en 1945. Capa l'avait rencontré en 1941 à Sun Valley où Hemingway chassait la perdrix avec ses fils. Goetz était à la fois le gendre de Louis B. Mayer, le potentat de la Metro Goldwyn Mayer, et donc le beau-frère de Selznick, l'autre gendre de Mayer. Hollywood, Chim, est une toute petite famille où népotisme et endogamie font la loi… Une partie de sa science des studios, Capa la tenait de son ami Charles Korvin, qui était sous contrat avec Goetz. Un acteur hongrois qu'il avait connu à Paris sous le nom de Geza Korvin. Tu as dû le croiser Chim, quand il étudiait à la Sorbonne, non ?

– Je me souviens de lui à Paris. Il est aussi un habitué de Klosters en Suisse où Bob allait skier avec Irwin. Charles appartient au cercle des nombreux blacklistés d'Hollywood pour avoir refusé de témoigner devant la commission des activités anti-américaines. Capa était aussi très ami avec Zoltan, l'un des trois frères Korda, trois Hongrois devenus cinéastes qui avaient pour mantra : « Il ne suffit pas d'être hongrois, il faut aussi avoir du talent. »

– Je croyais que c'était George Cukor qui répétait cela ? Et que Capa ajoutait à chaque fois : « Il ne suffit pas d'avoir du talent, il faut aussi être hongrois. » Bob m'avait raconté à propos de Zoltan qu'il avait réalisé un film de guerre en 1943, *Sahara*, dont le tournage avait été un calvaire pour Bogart. Il jouait le rôle d'un chef de char américain qui combat un bataillon allemand dans une oasis du désert libyen. Le tournage se déroulait près de la frontière mexicaine et Bogart passait ses nuits à s'engueuler avec Mayo, sa femme, à coups de verres jetés par terre et de meubles renversés dans leur chambre d'hôtel. Elle supportait de moins en moins d'être devenue une actrice déclassée en quittant

New York pour Los Angeles. Du coup, elle picolait et menait une vie d'enfer à son mari. Bogart arrivait sur le plateau le matin en titubant, de mauvaise humeur et avec la gueule de bois. Il n'avait pas pu apprendre ses dialogues et il devait trouver un moment pour les mémoriser avec un thermos de café à côté de lui. En fait, le thermos contenait un Martini bien frappé pour lui remettre les idées en place. Capa en savait bien plus sur Bogie que moi qui avais passé deux mois et demi avec lui à l'été 1942 et n'avais jamais deviné ses tourments. Il le croisait au Jardin d'Allah. Bogart y avait passé des jours heureux avec Lauren Bacall avant leur mariage en mai 1945 et il y revenait parfois.

Ah Bacall ! Tu sais Chim, que son coup de foudre avec Bogart m'a longtemps hantée ? Il a suffi à la jeune New-Yorkaise de siffler Bogy sur le plateau du *Port de l'angoisse* au printemps 1944 pour qu'il lui tombe dans les bras. « Si vous avez besoin de moi, vous n'avez qu'à siffler. Vous savez siffler, Steve ? Vous rapprochez vos lèvres comme ça et vous soufflez ! » Je ne lui avais pas fait un tel effet sur le tournage de *Casablanca*, et je crois que j'en ai été affreusement vexée. J'ai eu beau l'embrasser, il est toujours resté poli et distant avec moi, jouant le modeste face à la presse : « Quand la caméra s'approche du visage de Bergman et qu'elle dit qu'elle vous aime, n'importe qui a l'air romantique. » Le faux-jeton. En réalité, il n'avait pas accroché plus que ça, peut-être, par crainte de l'éruptive Mayo. À l'époque, il prétextait avoir du mal avec les scènes d'amour. Il plaisantait en disant que ce n'était pas possible de tourner de telles scènes avec un groupe de machinistes à la poitrine velue qui mâchent du tabac à un mètre de vous. « L'amour, je garde ça pour l'intimité de ma chambre à coucher », rigolait-il. Avec Bacall, il en est vite sorti ! Et j'avoue, Chim, ça m'a fichu un coup au moral qu'il préfère cette jeunette à moi.

Capa était comme Bogart : les conversations creuses et les faiseurs l'ennuyaient. Les soirées à Hollywood aussi. Il s'y rendait pour moi. C'était une occasion de nous croiser. Il fallait toujours ruser pour ne pas se faire attraper par la patrouille des langues de vipère. Bob aimait flirter avec les limites. Il m'entraînait dans des recoins, dans les salles de bains, dans des chambres vides. Il m'embrassait dans le cou, jouait avec la fermeture Éclair de ma robe, découvrait mes épaules, relevait le tissu, passait sa main sur mes fesses, se glissait entre mes jambes. Quand Petter m'accompagnait dans une soirée et était occupé à danser, Capa se montrait encore plus entreprenant. L'oreille aux aguets, je trouvais cela très excitant, mais suprêmement risqué. Je pouvais tout perdre en une seconde si quelqu'un surgissait et nous prenait en flagrant délit d'amour. J'en avais tant pour Bob que je passais outre la prudence, parfois. C'était si bon de partager ses doux délires.

J'ai vite compris que Capa n'allait pas devenir un pilier des studios Universal. Au bout de quelques semaines, il était las, il ne les supportait plus, me disait-il :

– Le silence de ces espaces infinis m'effraie. Il n'y a personne dans ces bureaux et c'est à peine si nous avons une réunion quotidienne où on se prend le chou sur des films qui ne verront pas le jour avant une année ou deux, au mieux. Ils sont bien sympas les producteurs, mais je n'ai pas l'âge de passer ma vie à attendre. Le temps des studios est trop lent, surtout au début.

– Et tes mémoires, tu as commencé à les écrire ?

– J'ai griffonné quelques lignes, mais tout cela est encore bien flou. Cela m'a d'ailleurs donné une idée de titre : *Juste un peu flou*. C'est ce que les gars de *Life* à Londres ont dit de mes photos du D Day. Eh bien, mes mémoires, pour l'instant, elles sont pareilles. Je vais te dire, ma belle petite Suédoise, tenter de trouver du sens à raconter ses souvenirs de cinq années de guerre, avec leur lot d'horreurs, dans un bureau vide où tu n'aperçois de la fenêtre que le haut d'un palmier qui perd ses cheveux, c'est très déprimant. Du coup, quand Collingwood – avec qui j'ai partagé une magnifique maison en juillet 1944 près de Cherbourg avec plein de whisky et de cigarettes anglaises reprises aux Allemands – m'appelle le midi pour me proposer de déjeuner, il m'est difficile de résister. Comme Charles va ensuite aux courses parce qu'il a besoin de se faire un petit pécule avant d'épouser son actrice, la belle Louise Allbritton, pas si britannique que ça d'ailleurs, je ne peux pas le laisser tomber. On quitte North Rodeo Drive pour l'hippodrome d'Inglewood. Et là, je découvre que tout le personnel des studios flâne l'après-midi à Hollywood Park. C'est pour ça qu'il n'y a jamais personne dans les bureaux ! Il paraît que les chevaux sont si habitués à côtoyer des acteurs qu'ils passent leur temps à poser pour la photo-finish… ça ne te fait pas rire ? Pas grave, la plaisanterie n'est pas de moi, elle court les studios Warner. Pour te faire sourire, j'ai droit à une deuxième prise. Est-ce que tu connais le plus beau fait d'armes de mon ami Collingwood ? On s'est marrés en se remémorant son exploit. Il a été l'un des premiers à débarquer à Utah Beach comme reporter radio pour CBS, et surtout à réussir à transmettre son reportage à Londres, ce qui n'était pas une sinécure. Fin août 1944, le général Bradley lui glisse que les

Parisiens sont sur le point de se soulever. Ni une ni deux, il enregistre un reportage qu'il envoie à Londres en précisant bien qu'il ne doit être diffusé qu'après la libération de la capitale. Le technicien qui le réceptionne mange la consigne et c'est comme ça que Collingwood a annoncé, le 22 août, que Paris était libéré alors que les Allemands étaient encore en train de se battre, des Champs-Élysées à la préfecture. Heureusement pour Collingwood, Paris a été libéré trois jours plus tard… On n'a pas toujours tort d'avoir raison trop tôt.

Capa a fini par laisser tomber International Pictures et il est revenu de façon épisodique sur le plateau des *Enchaînés*. Je sentais qu'il m'en voulait de ne pas être davantage disponible. Un soir, alors que nous quittions le 18 Malibu Road après une belle après-midi dans le petit nid des Shaw, il a éclaté dans la voiture que je venais de démarrer…

– Travail, travail, travail, tu y retournes encore et toujours ! Tu ne sais rien faire d'autre. Tu es prisonnière des studios. Tu es leur jouet, leur chose, leur machine à cash et celle de ton mari. Tous t'exploitent et tu ne t'aperçois de rien, tu trouves ça normal, tu adores jouer comme une petite fille, ils te laissent jouer et eux, ils profitent, ils encaissent, ils se gobergent sur ton dos. Tu es comme un avion sans moteur, tu planes, mais un jour tu vas t'écraser. Il est temps que tu te débarrasses de tous ces gens qui, à longueur de journée, te disent ce que tu dois faire, ce que tu dois penser, comment tu dois jouer, ce que tu dois exprimer. Tu es tellement prise en charge que tu ne penses plus par toi-même, ma belle suédoise.

– Tu crois que ce sont les studios qui dictent mes sentiments pour toi ?

– Ils en seraient bien capables, s'ils étaient sûrs que notre romance leur rapporte de l'argent.

– Tu es ignoble. Tu penses que quand je te dis je t'aime, ce sont les studios qui parlent ? Tu es pire que Petter !

– Moi, je te recommande de l'ouvrir, pas de la fermer. Et je ne te répète pas à longueur de temps que tu ne dois pas manger pour garder la ligne. Moi, j'aime te voir déguster une glace avec la chantilly qui te fait des moustaches et le chocolat qui coule sur ton menton et tache ton décolleté. Je ne veux pas que les studios disposent de toi et de ton joli corps.

– Je ne te parle plus. Je ne vais pas m'excuser d'être actrice, d'aimer mon métier, de vouloir me confronter à de nouveaux rôles, de gagner ma vie. Si tu veux passer plus de temps avec moi, tu n'as qu'à m'épouser.

– Devenir M. Bergman pour te regarder travailler ?

– Et surveiller le frigo pour être sûr que je ne mange pas trop.

– C'est motivant. Je vais y songer. On va danser ? Ah non, j'oubliais, on ne doit pas nous voir nous amuser ensemble… On ne s'amuse pas à Hollywood, on travaille ! Et on fait bien attention à ne pas sortir des clous pour ne pas finir sur la croix des piteuses commères du Louxor, Louella Klaxon et compagnie.

Il faut imaginer Bob malheureux… Chim, tu l'as connu avec cette déprime qui le gagnait quand il s'interrogeait sur son avenir… Avec tristesse, je constatais que je ne parvenais pas à l'en guérir, qu'il ne se sentait pas chez lui à Los Angeles, même s'il fréquentait les meilleures tables avec ses nombreux amis. Il venait de moins en moins sur le plateau des *Enchaînés*. Il occupait de plus en plus ses soirées à jouer au poker avec des cadors, où il perdait gros. Il avait retrouvé John Huston, le plus grand des flambeurs, toujours en mal d'argent, capable de parier des fortunes, bien plus que les cinq mille dollars qu'il touchait chaque semaine de la Warner. Ils s'étaient croisés à Londres et à Naples pendant la campagne d'Italie. Huston était en pleine forme, me racontait Capa. Il s'était entiché d'Evelyn Keyes, la jeune sœur de Scarlett dans *Autant en emporte le vent*, qui venait de divorcer de Charles Vidor. Huston l'avait rencontrée dans l'une des sauteries très courues que donnaient les Selznick tous les dimanches et que j'avais beaucoup fréquentées moi-même. Jennifer Jones, la maîtresse de David, avait demandé à Evelyn de s'asseoir entre Huston et Errol Flynn pour pacifier leurs rapports. Les deux hommes s'étaient boxés un dimanche précédent chez leurs hôtes pour un prétexte mal identifié et ils avaient fini ensemble aux urgences du Cedars-Sinai Hospital. Cette histoire faisait rire Capa. Et il ne se lassait pas de raconter le mariage de John et Evelyn qu'il trouvait très drôle. Après avoir été en froid quelques jours, Evelyn, prenant ombrage de la présence d'Ava Gardner à Tarzana, le ranch de Huston à l'ouest de San Fernando Valley, les deux tourtereaux avaient décidé d'un dîner de réconciliation chez Romanoff. « Ne nous quittons plus jamais, lance John sur un ton dramatique, dès l'entame du premier verre. – Pourquoi ne pas se marier, alors ? » répond Evelyn. John reste un long moment sans bouger, il regarde Evelyn en biais sans sourire avant de cligner des yeux, et il finit par lâcher : « Pourquoi pas ? » Selon Evelyn, Mike Romanoff a alors envoyé un gars chercher une alliance et il a demandé à un pilote de ses connaissances d'emmener le couple illico à Las Vegas. À 3 h 30 du matin, un juge les a mariés sur le Strip, avec le pilote et un chauffeur de taxi comme témoins. Ils ont filé dans un casino pour arroser cela. Et, à l'aube, ils étaient de retour à Los Angeles. « Au revoir ma chère, bonne journée », a dit John à Evelyn une fois à l'aéroport. Et il est parti pour les studios de la Warner tandis qu'elle rejoignait ceux de la Columbia.

Avec Bogart, ils préparaient *Le Trésor de la Sierra Madre* et ils étaient complices comme deux gamins. Ils fumaient, buvaient et jouaient au football dans le salon de Tarzana au risque d'y briser, un jour, un vase Ming. Le plus souvent, ils jouaient de l'argent. Deux joueurs de haute volée qui ratiboisaient Capa. Mais Bob y revenait toujours. Il avait hérité ça de son père, c'était un joueur compulsif. Il aimait l'adrénaline, il s'oubliait dans l'excitation qui le prenait au moment de tout risquer. Et la défaite qui suivait la plupart du temps le ramenait dans sa déprime. Heureusement les histoires de Huston et de Bogart le faisaient toujours rire aux éclats : « Tu connais la dernière que m'a racontée Bogie ? me disait-il. Sur le tournage du *Grand Sommeil*, ils ont eu un problème. Martha Vickers, l'ado qui joue la petite sœur nymphomane et droguée de Lauren Bacall, était supposée simuler un orgasme dans une scène. Le problème était que Vickers, qui était vierge, n'avait pas la moindre idée de ce qu'était un orgasme. Howard Hawks a alors prié Regis Toomey, un catho irlandais, d'expliquer à la jeune actrice ce qu'il voulait. Toomey, qui joue un flic dans le film, est allé la voir, s'est exécuté et elle a très bien pigé. Hawks était ravi de la scène : « Si j'ai encore besoin d'expliquer un jour ce qu'est un orgasme à quelqu'un, je te dirai de venir », a-t-il lancé à Toomey. Et finalement, il a coupé la scène au montage. Tu verrais Bogart quand il raconte ça ! Il est impayable, s'esclaffait Capa.

Chim, tu te souviens du surnom que Bogart donne à Lauren Bacall dans *Le Port de l'angoisse* ?

– Slim. Et elle, elle l'appelle Steve. Ce sont les petits noms que se donnait le couple Hawks.

– Tu es trop fort ! Incollable ! Un jour, j'arriverai à te prendre en défaut, Chim, promis, j'y arriverai…

– Tu l'as connue, Slim, la femme de Howard Hawks ?

– Je n'ai pas eu cette chance, mais j'ai entendu parler d'elle par Capa.

– Oui, il aimait passer des après-midi en sa compagnie dans l'immense propriété des Hawks, une maison en pierres et en bois, avec piscine, des écuries, des granges, un paddock où Hawks, passionné de vitesse, rangeait ses voitures et ses motos. Il roulait en bande le week-end en jouant les mauvais garçons. Il avait même installé un terrain de croquet. Le gratin d'Hollywood se livrait à des parties d'anthologie, le dimanche. Bob ne m'avait pas caché son amitié avec Slim. Le peu que je sais sur elle, c'est lui qui me l'a raconté. Il l'avait rencontrée dans l'Idaho à l'automne 1941 au fameux Sun Valley Lodge où Hemingway était invité aux frais de la princesse avec ses trois fils par Averell Harriman, le patron de la compagnie de chemin de fer Union Pacific, qui avait eu l'idée de faire venir des stars pour développer sa station de la Wood River Valley. En échange, « Papa » amenait avec lui son lot de célébrités : Gary Cooper, Barbara Stanwyck et son mari Robert Taylor, William Goetz dont je t'ai parlé, et donc Howard Hawks et Slim que le réalisateur devait épouser en décembre 1941, quatre jours après Pearl Harbor. Tout ce petit monde passait la journée à chasser, à pêcher et à bavarder. La première fois qu'il avait vu Slim au Clover Club – une boîte sur Sunset Boulevard, le rendez-vous de tous les joueurs de la planète où s'encanaillait aussi le tout-Hollywood –, Hawks était tombé à l'arrêt. Normal, tu me diras, pour un chasseur.

Nancy Gross – c'était son nom – était une Californienne de vingt-trois ans, un mètre soixante-douze, une taille de guêpe, toujours élégante, toujours souriante, une allure folle. Hawks l'avait invitée à danser et lui avait demandé si elle souhaitait faire du cinéma, sa question rituelle pour tenter d'emballer une jeunette. À sa grande surprise, elle avait répondu non. Il l'avait conviée alors à venir nager chez lui le lendemain. À sa grande surprise, elle avait répondu oui. Slim, disait Capa, était en mal de père, elle aussi. Le sien, un chef d'entreprise de

Salinas, le pays de Steinbeck, avait quitté le domicile familial après la mort atroce de son fils, brûlé par des braises échappées d'une cheminée. Slim était partie vivre à Carmel avec sa mère. Puis dans une maison sur Sunset Boulevard. Elle cherchait un bon parti, elle avait trouvé Hawks, vingt ans plus vieux qu'elle et des yeux bleus qui lui rappelaient ceux de son paternel. Hawks, lui, avait décroché la femme idéale pour tenir son ranch : elle savait monter à cheval, aimait le sport, elle ne rêvait pas de faire carrière dans le cinéma et adorait jouer les fées du logis.

À Sun Valley, Hemingway, qui venait d'épouser Martha Gellhorn, avait lui aussi été fasciné par Slim dès le premier regard. Il ne la lâchait pas d'une semelle, racontait Capa. Pour l'impressionner sur sa virilité, il mit un jour Hawks au défi de lui donner un coup de poing dans l'estomac aussi fort qu'il le pouvait. Le réalisateur faillit se casser la main. Un soir, alors qu'elle se séchait devant la cheminée, Hemingway demanda à la jeune femme s'il pouvait lui brosser les cheveux. Il les brossa longtemps et conclut en lui disant : « Vous ne savez pas ce que ça m'a fait. C'était très, très difficile. Pour nous deux, Capa et moi, vous êtes une femme très provocante. Il ne faut pas que je sois trop souvent près de vous. » Entre Hawks et Hemingway, disait Capa, ça n'a pas facilité les relations. Rien n'était simple entre eux. Depuis plusieurs années, le premier tentait d'enrôler le second dans le cinéma, comme il avait réussi à le faire avec Faulkner qui rafistolait des scénarios branlants pour arrondir ses fins de mois. Mais « Papa » ne s'est pas laissé séduire : « Prends l'oseille et tire-toi », c'était sa devise vis-à-vis d'Hollywood à qui il n'avait jamais pardonné d'avoir piétiné son ami Scott Fitzgerald.

Hawks avait rendu visite à Hemingway à Key West, fin 1939 : « Je pourrais réaliser un film avec votre plus mauvais roman. Qu'est-ce que vous avez écrit de pire ? – Cette nullité, *En avoir ou pas.* » Hawks venait justement d'en acheter les droits pour dix mille dollars, une misère. Grâce à Faulkner qui avait totalement rebâti l'histoire, la « nullité » était devenue *Le Port de l'angoisse*, sorti à New York en octobre 1944. « Hawks est fortiche, disait Capa, il a réussi à faire bosser ensemble les deux plus grands écrivains américains du XX^e^ siècle sans qu'ils ne se soient jamais rencontrés. »

Sun Valley, en 1941, c'était un vrai vaudeville. Bob tentait de persuader Hawks qu'il était parfait pour le rôle de Rafael que lui avait promis Hemingway. Hawks, de son côté, cherchait à convaincre « Papa » de le laisser réaliser *Pour qui sonne le glas*. Lequel n'était pas contre, mais cela ne dépendait pas de lui. La Paramount, à qui il avait vendu son bouquin, était très attaché à Sam Wood. Pour filmer la guerre d'Espagne, fallait-il remplacer l'anticommuniste Wood par le conservateur Hawks, qui avait réussi à séduire l'écrivain grâce à ce qu'ils avaient en commun ? Le goût pour la chasse, la pêche, la boisson, le jeu… Et surtout Slim, qu'ils ne partageaient pas ? Capa ne m'a jamais dit s'il était attiré par elle. J'imagine que oui, mais je n'étais pas inquiète de leur proximité. J'avais peut-être tort. Je sais que Hawks s'est demandé s'il n'y avait pas quelque chose entre eux. Elle avait accouché d'une petite fille en février 1946. Elle venait d'apprendre que son mari la trompait. Deux mois après la naissance de sa fille, elle a laissé le bébé à une nurse et elle est allée se changer les idées à New York, puis à Cuba, où elle s'est fait inviter par Hemingway, trop heureux de recevoir « Miss Slimsky ». Au grand dam de Mary Welsh, sa nouvelle épouse depuis à peine six semaines.

Le tournage des *Enchaînés* était enfin terminé, les dernières scènes étaient dans la boîte. Aux Oscars, le 7 mars 1946, j'avais été nominée meilleure actrice pour mon rôle dans *Les Cloches de Sainte-Marie*. Cary Grant avait été charmant. Il avait lancé au public du Grauman's que l'Académie devrait songer à me décerner chaque année un prix spécial, que je tourne un film ou non. En échange de cette amabilité, je l'avais laissé partir avec la clé de la cave où est caché l'uranium découvert par Alicia et Devlin. Elle est devenue notre petit porte-bonheur à nous deux.

Je rêvais de filer à New York en avril pour échapper enfin à Hollywood ! Les mots de Capa résonnaient dans ma caboche de petite Suédoise entêtée. « Tu es prisonnière des studios. Tu es leur jouet, leur chose, leur machine à cash et celle de ton mari. » J'avais nié, protesté, argumenté, mais je savais au fond de moi qu'il avait touché un point sensible. C'était vrai qu'ici les gens ne parlaient que d'argent, de succès financier, d'échec, d'acteurs « bankables » ou pas. Petter en tête ne s'intéressait qu'à ce que rapportaient mes films. Jamais on n'a eu une vraie discussion lui et moi sur un rôle, sur l'intérêt de jouer tel ou tel personnage. Il ne m'entretenait que de chiffres, surtout s'ils étaient longs d'au moins cinq zéros. J'étais lasse de cette pression. Et de devoir être toujours sur le qui-vive pour ne pas laisser prise aux indiscrétions, aux suspicions, aux mauvaises intentions.

Capa aussi était fatigué d'Hollywood. Je le voyais boire de plus en plus, toujours plus sarcastique envers l'industrie du cinéma. « Hollywood est le plus gros tas de merde où j'ai jamais marché », me lâcha-t-il un jour où il avait eu bien du mal à trouver un taxi. Le trait ne valait pas que pour les transports de la Cité des Anges. Il détestait l'hypocrisie de cette ville qui compte beaucoup moins d'anges que de démons. Il détestait Sam Wood qui l'avait privé du rôle de Rafael et qui répétait partout, à propos des supposés infiltrés communistes qui avaient envahi Hollywood, selon lui : « Si vous leur ôtez leur barboteuse, vous trouverez un marteau et une faucille dans leur derrière. » Le pauvre Sam avait fondé l'Alliance pour la préservation des idéaux américains, Capa détestait ce climat de chasse aux sorcières qui était en train de monter dans les studios. Il ne supportait pas que les Mayer, les Warner, restés bien au chaud à Beverly Hills pendant la guerre, jouent le jeu du Comité des activités anti-américaines. La droite sénatoriale les avait accusés en 1940 de vouloir pousser l'Amérique à entrer en guerre contre Hitler parce qu'ils étaient juifs ; pour continuer leurs petites affaires et satisfaire cette droite, les mêmes accusaient désormais des scénaristes ou des réalisateurs qu'ils avaient employés d'avoir des sympathies communistes. Quelle petitesse ! En janvier, j'avais reçu une lettre d'un cinglé d'extrême droite, un certain Gerald Smith, qui me demandait si j'avais participé à une manifestation organisée par l'American Youth for Democracy, dans laquelle il voyait un sous-marin communiste. Le même Smith a écrit plus tard au Comité des activités anti-américaines pour lui demander d'enquêter sur des dizaines de personnalités d'Hollywood d'origine étrangère. J'étais l'une d'entre elles. Capa détestait cette suspicion dont souffraient ses amis, hongrois ou américains, comme Irwin Shaw. Il ne supportait pas non plus cette obsession du fric très présente à Hollywood, lui qui passait son temps à en perdre, lui qui, surtout, était d'une générosité extrême. Tu te souviens de sa générosité, Chim ? Un jour où j'organisais une collecte pour un orphelinat, il m'a donné un de ses costumes – il n'en avait que trois –, alors qu'un acteur célèbre qui en avait plusieurs centaines dans ses placards ne m'en a pas laissé un seul, m'expliquant qu'il risquait peut-être un jour d'avoir besoin de tel ou tel, on ne sait jamais.

Il était temps de retrouver New York. Et sa liberté relative, puisque Petter avait tenu à ce que Jo Steele me chaperonne. Il lui avait une nouvelle fois passé ses consignes avant mon départ : « Jo, vous savez que je vous fais confiance. C'est pourquoi je ne suis pas inquiet quand Ingrid part en voyage avec vous. Je sais que vous prenez toujours soin d'elle, mais je tiens à ce que vous soyez particulièrement vigilant sur ce qu'elle mange et ce qu'elle boit. Elle prend vite du poids et, parfois, elle a tendance à abuser des cocktails. Elle ne doit pas non plus se coucher trop tard. » Jo s'était dépêché de me rapporter leur conversation. Histoire de lui signifier gentiment que je n'avais plus l'âge d'être biberonnée, je lui ai fait une petite blague à notre arrivée à New York. Il m'avait demandé de lui apprendre deux, trois formules en suédois pour répondre aux journalistes scandinaves qu'il avait convoqués pour une conférence de presse dans les bureaux de la RKO. Quand ils lui demandèrent s'il avait appris le suédois depuis leur dernière rencontre, il répondit fièrement, avec son meilleur accent : « *Yah. Förbannade Svenskar dra ât helvete.* » Ce qui signifiait littéralement : « Allez au diable, maudits Suédois » ! Il récolta un bel éclat de rire de toute l'assemblée. Et moi, je pouffais.

New York en avril est un bonheur. Croquer dans la grosse pomme est un délice. Et s'y promener avec Bob, un pur enchantement. J'avais caché mes cheveux sous un foulard et nous marchions bras dessus bras dessous, heureux de nous retrouver, ravis de ne plus avoir à nous cacher pour éviter les odieuses commères jeteuses de sorts. Comme à Paris, Capa était mon guide. Il m'avait convaincue que New York est un village et que tout se parcourt à pied. Je comprenais soudain pourquoi il détestait tant la voiture. C'était si agréable de flâner, de déambuler dans une ville où on se laisse happer par les découvertes que l'on fait à chaque coin de rue. Capa m'attrapait à la sortie du Drake Hotel où j'avais posé mes valises et nous filions par Park Avenue. On descendait jusqu'à Union Square, parfois avec un détour par Broadway, puis nous continuions jusqu'au croisement de la 9e Rue et de la 4e Avenue, pour s'arrêter chez Biblo & Tannen. Capa avait l'air d'être un habitué là aussi. Il saluait Biblo et lui demandait : « Alors Jack, qu'est-ce que vous avez pêché ce matin ? » La légende des deux proprios, m'expliquait-il, voulait qu'ils dorment dans leur librairie pour avoir le temps de dénicher leur lot de trésors le matin dans les entrepôts de l'Armée du salut avant d'ouvrir leur boutique à 9 heures et de la refermer à minuit.

On prenait ensuite un café. Et il nous arrivait de pousser, quand nous étions en jambes, jusqu'au Brooklyn Bridge en passant par Chinatown. De l'autre côté de l'East River, Capa m'emmenait dans un restaurant italien qui cuisinait de bien meilleures pizzas, prétendait-il, que dans tout Little Italy. Quand nous étions fatigués de marcher, nous hélions un *cab* pour rentrer à Manhattan. J'aimais cette fatigue qui m'envahissait. Assise à l'arrière, je posais ma tête dans le cou de Capa, je fermais les yeux et je m'assoupissais, heureuse.

Le soir, Capa avait toujours une nouvelle adresse où m'emmener, un bar, une boîte de nuit, un club de jazz à Greenwich Village où il avait réservé une table discrète. Quand on était fatigués des rayures zébrées d'El Morocco sur la 54e Rue, on allait écouter le big band Dixie du guitariste Eddie Condon, qui avait son club sur la 3e Rue Ouest. J'étais fascinée par les coups de cymbale du batteur qui clôturait les solos de ses partenaires. On allait aussi chez Monroe dans la 52e Rue, où le be-bop connaissait ses premières heures. On a entendu un soir Dizzy Gillespie jouer *A Night in Tunisia*, rejoint sur scène par deux jeunots, Max Roach et Miles Davis. Je n'y connaissais rien, Bob m'expliquait patiemment ce nouveau jazz aux tempos rapides qui nécessitait une grande technicité et laissait libre cours à une large improvisation. « Une musique de rebelles, me disait-il. Le be-bop doit t'inspirer. Tu dois te libérer de la discipline des studios comme ces musiciens se sont révoltés contre la rigidité des big bands. Toi aussi, tu dois laisser s'exprimer ta créativité. » Je trouvais le conseil intéressant, mais j'avoue que j'avais du mal parfois quand l'improvisation partait si loin que l'harmonie disparaissait. Quand on repartait, on remontait à pied vers Park Avenue pour digérer nos Martini. Et Capa laissait passer dix minutes avant de rentrer au Drake pour me rejoindre dans ma chambre où je m'étais déjà assoupie, épuisée par nos longues journées.

Mon chaperon n'appréciait pas que je m'émancipe. Il avait demandé à la réception du Drake de lui passer mes appels afin, disait-il, de me protéger des sollicitations inopportunes. J'étais repassée derrière lui pour enjoindre l'hôtel de bien vouloir me les adresser directement. Bien entendu, je ne le tenais pas au courant de tous mes rendez-vous, et pour cause. Un jour, Jo Steele me dit, l'air de rien, alors que je le prévenais que j'avais un dîner : « Ne mangez pas trop. – Non, ne vous inquiétez pas. » Puis il ajoute, l'air de ne pas y toucher : « Vous avez un dîner avec Bob ? » Je me fige. « Pourquoi me demandez-vous cela ? – Pour rien, Ingrid. Je serais plus à l'aise si je savais où vous êtes, c'est tout. Si quelque chose vous arrivait… – Rien ne m'arrivera. J'en ai ras le bol d'être surveillée. » Le lendemain, le 26 mai, je glissais sous la porte de sa chambre ma déclaration d'indépendance sous forme manuscrite :

*I. Je vais faire les magasins*
*II. Je vais voir quelques galeries avec Cary*
*III. Peut-être un verre avec Cary*
*IV. Je vais prendre un bain*
*V. Changer de vêtements (mettre mon boléro noir)*
*VI. Dîner (pas avec Cary).*
*VII. Rentrer à l'hôtel ou pas ?*

Steele comprendrait. Je savais qu'il était inquiet. Il avait fini par me dire qu'il avait croisé quelques jours plus tôt un collègue dans les bureaux de la RKO qui lui avait lancé : « Et que lui arrive-t-il, à ta chérie d'amour ? Un de mes amis l'a vue avec Bob Capa jeudi à 4 heures du mat'. Ils avaient l'air très intimes dans un recoin sombre d'une boîte du Village. » Que le potin ne soit pas parvenu jusqu'aux journaux était bien la preuve que les dieux de l'amour étaient avec nous et que nous n'avions rien à craindre. Je n'étais en effet pas rentrée à l'hôtel, le 26 au soir. Nous nous étions couchés très tard et Bob a eu bien du mal à se réveiller, le 27 mai au matin. Il a à peine eu le temps de jeter un œil sur la Constitution des États-Unis en sirotant un café au bar du « 21 ». Et puis, il a filé pour son dernier examen oral au service de l'Immigration : « Monsieur Capa, vous connaissez la Constitution, j'imagine. Quelles libertés garantit la déclaration des droits ? – La liberté de réunion… la liberté religieuse… » Puis Capa resta sec. L'examinateur, de bonne composition, tenta de l'aider : « Monsieur Capa, vous étiez correspondant de guerre. Quelle liberté cela vous évoque-t-il ? » Capa restait toujours muet. « Monsieur Capa, et la liberté de la presse ? – Monsieur, j'étais photographe. » L'examinateur éclata de rire. Mais Capa était citoyen américain. Champagne !

J'avais raconté à Bob mon petit accrochage avec Steele. Il a appelé Jo et lui a proposé de prendre un verre au bar du « 21 », sur la 52e Rue :

– Vous devez penser que je suis un sale type.
– Pourquoi ?
– Parce que je vois beaucoup Ingrid.
– Oui, je sais, mes espions me tiennent informé. J'espère juste que ça ne finira pas dans les colonnes des journaux.
– Pourquoi ?
– Son mari ferait un grabuge du diable.
– Je sais.
– Ce serait naturel, non ?
– Je n'en suis pas si sûr.

Et Bob de lui expliquer qu'il me connaissait mieux que lui, qu'il devait cesser de m'entraver, lui, et tous ceux qui me traitaient comme une enfant, qui m'expliquaient ce que je pouvais dire, ce que je pouvais faire, qui je devais voir ou pas, tous ceux qui jouaient à être mon père depuis que mon père est mort. Tous ces chiens de garde qui me suivent à la trace, me gardent captive, m'empêchent d'être moi-même, de me laisser aller, d'exprimer mes idées, de m'ouvrir au monde, qui me prennent pour une demeurée ou une sainte. Jo Steele en resta bouche bée. Capa, mon sauveur, me dégageait la voie pour devenir une femme libérée ! Sa colère à Malibu contre les studios avait été un déclencheur. Il m'avait fallu respirer l'air de New York pour comprendre combien il avait raison. Oui, j'étais prisonnière d'un système et il était temps de m'en échapper. Je m'étais déjà affranchie de Petter. Notre couple n'était plus qu'un décor, il n'existait plus. Seule Pia nous liait.

Avec Selznick, j'étais en fin de contrat. Je lui devais beaucoup. Il m'avait invitée à Hollywood, il avait fait de moi une star, j'avais remporté un Oscar, tout ça en moins de sept ans. Mais il était temps que je reprenne ma liberté, là aussi. Je lui avais fait gagner beaucoup d'argent, mais il n'avait pas tenu tous ses engagements. Quand il m'avait demandé de revenir à Hollywood en 1940, il m'avait envoyé un télégramme sur le *Rex*, le paquebot italien qui m'emmenait à New York. *À votre arrivée*, m'écrivait-il, *il faudra que vous disiez à la presse que vous venez pour tourner Jeanne d'Arc.* J'étais si heureuse ! Je rêvais de ce rôle depuis toute petite, sans très bien savoir pourquoi, mais cette envie ne m'avait jamais lâchée. Et, à l'arrivée, l'attaché de presse de Selznick s'est précipité sur moi pour m'expliquer qu'il ne fallait surtout pas que je parle de Jeanne d'Arc aux reporters venus m'accueillir. Selznick s'était joué de moi. En 1940, il n'était plus l'heure de raviver la querelle franco-anglaise et de dénigrer les soldats de Sa Majesté. Selznick m'a laissée en plan à New York. Et j'ai trouvé à m'occuper en jouant *Liliom* à Broadway, une fantaisie écrite par un Hongrois. Tu vois, Chim, les Hongrois sont bien mes anges gardiens. Les critiques ont apprécié la pièce.

Six ans plus tard, j'allais retourner à Broadway pour jouer Jeanne d'Arc ! En janvier, pendant le tournage des *Enchaînés*, j'avais reçu un coup de fil de Maxwell Anderson. Je savais à peine qu'il était un dramaturge célèbre :

– J'ai écrit une pièce et j'ai songé à vous pour le rôle principal si, entre deux films, vous avez envie un jour de venir à New York.

– Oui, bien sûr, mais votre pièce, qu'est-ce que c'est ?

– C'est l'histoire de Jeanne d'Arc.

– Jeanne d'Arc ? Ah oui !

Je lui ai demandé de m'envoyer le manuscrit au plus vite. C'était l'histoire d'une troupe de théâtre qui monte une pièce sur Jeanne d'Arc. Les histoires de troupe ne m'intéressaient pas, mais je me suis dit que je demanderais à Anderson de changer cela et que l'essentiel était de jouer Jeanne. J'en ai parlé à Selznick, qui n'était pas contre. De toute façon, j'étais bientôt libre de quitter son écurie. Les négociations ont démarré à propos du contrat, mais elles se sont éternisées. Anderson s'impatientait, il devait rentrer à New York : « J'ai compris que j'avais commis une erreur en m'adressant à des gens de cinéma. Les choses avec eux sont trop compliquées. J'ai été très heureux de faire votre connaissance. Je peux vous demander une dernière faveur ? J'aimerais voir le Pacifique une dernière fois. » Nous avons pris mon Oldsmobile et roulé jusqu'à la plage de Santa Monica. Nous avons marché sur le sable et, au bout d'un moment, j'ai dit à Anderson : « Max, vous avez avec vous le contrat de Jeanne d'Arc ? Donnez-le-moi, je vais le signer. » Je n'avais pas demandé son avis à Petter, qui est arrivé quelques jours plus tard avec le contrat en me disant : « C'est bon, tu peux le signer. Je pense qu'on est arrivés à un bon accord. – J'espère, car ce contrat, je l'ai déjà signé. » Petter était soufflé. C'était ma deuxième déclaration d'indépendance !

En attendant octobre et les premières répétitions de Jeanne la Lorraine à Broadway, je devais rentrer à Hollywood où démarrait en juin le tournage d'*Arc de Triomphe* de Lewis Milestone adapté d'un roman de Remarque. Je ne sentais pas ce film, et j'avais eu du mal à me laisser convaincre d'y participer. L'histoire de Joan Madou, amoureuse à Paris pendant la guerre d'un médecin autrichien réfugié, qui dirige un réseau antinazi, le docteur Ravic, ne me semblait pas crédible. Ravic est déporté et Madou tombe amoureuse d'un playboy, mais Ravic s'échappe en tuant un nazi et quand il veut renouer avec Joan, son jeune amant, jaloux, l'assassine. Un pur mélo. Le film avait fait l'objet d'un premier scénario écrit par Irwin Shaw. Irwin, qui connaissait bien Paris, avait tenté de mettre l'accent sur la résistance à l'envahisseur, mais il avait été recalé et tout avait été recentré sur l'histoire d'amour. Milestone, qui avait déjà adapté au cinéma *À l'Ouest, rien de nouveau* de Remarque, a tout réécrit avec le dramaturge Harry Brown qu'il avait fait venir à Los Angeles. Et Bertolt Brecht a mis sa patte sur certaines scènes. Capa avait croisé l'écrivain allemand chez Salka Viertel, la mère de son ami Peter, surfeur et scénariste, qui avait transformé sa maison de Santa Monica en refuge pour nombre d'exilés européens dont Greta Garbo, Arthur Rubinstein ou Christopher Isherwood. Il avait vu Brecht aux fourneaux en short en train de préparer le déjeuner. « C'est peut-être en se brûlant avec la gazinière qu'il a eu l'idée de la distanciation », plaisantait-il.

Plus que le tournage d'*Arc de Triomphe*, je redoutais le retour à Benedict Canyon. Cela signifiait être une nouvelle fois séparée de Capa, ne plus le voir que par intermittence, se cacher. Je ne voulais plus me cacher. Je ne voulais plus avoir peur. Je ne voulais plus le quitter. Je profitais de mes derniers jours avec lui à New York. Être en sa présence me donnait l'impression de gagner en liberté. Chaque jour, il m'apprenait quelque chose sur moi-même. Sur le plaisir de céder au désir, de se laisser aller dans des étreintes de plus en plus débridées, sur mon corps qu'il ne se lassait pas de parcourir et de trouver beau alors que pendant si longtemps j'avais été encombrée par ma taille et la rondeur de mes hanches. Chaque jour, j'avais l'impression de m'émanciper de vieux schémas que j'avais reproduits sans en avoir conscience. Capa me révélait à moi-même, m'ouvrait au monde. Je revenais une nouvelle fois à la charge.

– Bob, pourquoi tu ne veux pas m'épouser ?

– Tu le sais, je te l'ai dit, je ne peux pas t'épouser. Je ne peux pas m'attacher. Si demain, on me dit « départ pour la Corée » et que je suis marié et que j'ai un enfant, je ne pourrai pas partir. Je ne veux pas de ça. Je ne suis pas du genre dont on fait les maris.

Il avait pourtant demandé Gerda Taro en mariage. Il m'aimait moins qu'elle ? Qu'en penses-tu Chim ? Je sais que tu ne répondras pas à cette question. Mais celle-ci aujourd'hui ne me quitte pas : si j'avais réussi à le convaincre de m'épouser, serait-il allé en Indochine ? Aurais-je pu lui éviter de marcher sur cette foutue mine ? Oh, Chim, je suis si malheureuse.

Bob m'a offert le plus beau des cadeaux avant de quitter New York. Un jour que nous passions devant le World Theater sur la 49e Rue Ouest, une petite salle spécialisée dans les films étrangers, il me dit, en regardant l'affiche :

– Tu as vu ce film ?
– *Rome, ville ouverte*. Non, je ne connais pas. C'est quoi ?
– Un film italien, un sacré film. Tu devrais aller le voir. Cela te montrerait qu'il y a un autre cinéma que celui d'Hollywood, que celui des studios.
– Allons-y.
– Il est trop tard aujourd'hui, ma belle Suédoise. Regarde, il n'y a plus de séances, mais emmène demain ton chaperon, ton ami Jo Steele, ça lui fera du bien à lui aussi de voir un autre genre de films que ceux pour lesquels il sert la soupe.

Ni une ni deux, le lendemain, j'entraîne Jo au cinéma de la 49e Rue, foulard sur la tête, personne ne me reconnaît dans la longue file d'attente. On s'assoit dans une salle étouffante et nous voici bientôt captivés. Le récit brut, fort, réaliste de la vie de résistants dans Rome occupée par les Allemands pendant la Seconde Guerre nous chamboule tous les deux : « Bon Dieu, quel film ! lâche Steele en sortant. – C'est incroyable, magnifique ! Les nôtres à côté ont l'air ridicules, non ? » Je n'avais pas prêté attention au nom du réalisateur en entrant dans le cinéma. En sortant, je l'ai cherché sur les affiches. Il s'agissait d'un certain Roberto Rossellini. Le soir, en retrouvant Capa, je l'ai remercié de m'avoir conseillé ce chef-d'œuvre :

– Tu connais ce Rossellini, tu l'as rencontré ?

– Non.

– Son film est extraordinaire. Il ressemble tant à la vraie vie ! Pourquoi ne viendrait-il pas tourner ici, ce monsieur ?

– Pas sûr que le public américain goûterait un genre aussi austère… que ce réalisme. Le film manque singulièrement de violons et de jolis visages comme le tien, non ?

– Je préférerais qu'on se souvienne de moi pour un seul grand film artistique plutôt que pour tous mes succès conçus pour faire de l'argent. Je crois que je vais écrire à ce monsieur pour lui dire que si un jour il a besoin d'une actrice qui connaît le suédois et l'anglais, un peu de français et d'allemand et qui, en Italien, sait seulement dire *Ti amo*, qu'il pense à moi.

– *Ti amo*, c'est un message. Tu es tombée amoureuse de lui ?

– C'est toi mon amoureux.

Tu sais, Chim, que je l'ai vraiment écrite, cette lettre. J'ai attendu deux ans pour l'envoyer à Rossellini. Le début de notre *storia d'amore* avec Roberto.

Tu veux que je te raconte, Chim, comment je suis rentrée à Los Angeles ? Jo Steele, depuis des semaines, me tannait pour que j'accepte un dîner avec Howard Hughes. Cary Grant, qui le voyait souvent, m'avait aussi transmis le message appuyé qu'il rêvait de me rencontrer. Le milliardaire aviateur ne m'intéressait pas du tout. Il me faisait peur. Mais Johnny Meyer, son homme de confiance, harcelait Steele, lequel un jour insista auprès de moi :

– Bon Dieu, Ingrid, quel mal y a-t-il à accepter une invitation ? C'est un homme important et, un jour, vous pourriez être amenée à travailler sur un film avec lui. Son obstination est un compliment qu'il vous adresse, vous ne pouvez pas lui tenir rigueur de ça.

– Hughes m'indiffère, mais si vous y tenez, dites que je suis d'accord. Mais je ne veux surtout pas d'une grosse fête, avec tout un tas de gens qui m'observent.

Nous avons dîné au Copacabana sur la 60e Rue et le dîner a été plutôt sympathique grâce à la conversation caustique de Johnny Meyer, un sacré persifleur qui dressait des portraits tordants de ses contemporains pour mieux les mettre en pièces. Hughes avait l'air content de m'avoir à sa table, mais encore plus d'avoir Lana Turner à ses côtés. Lana, elle, s'est gardée d'évoquer *Dr. Jekyll et Mr. Hyde*, le film que nous avions tourné ensemble en 1941. La MGM lui avait promis le rôle principal, mais Victor Fleming et Spencer Tracy avaient finalement décidé qu'il était pour moi. Elle a eu l'intelligence de ne jamais m'en parler. Quelques jours plus tard, Steele est revenu me voir en m'expliquant que Hughes nous proposait son avion privé pour rentrer en Californie. Cary Grant et Alfred Hitchcock seraient les seuls autres passagers. Jo n'avait pas trouvé de bonne raison pour refuser l'invitation. Et Hughes, pour être certain qu'on réponde favorablement, avait acheté tous les vols pour la Californie et s'était gardé de nous le dire. Il a envoyé une voiture nous chercher au Drake à 7 heures du matin pour l'aéroport de La Guardia. Il voulait décoller à 7 h 30 afin de ne pas voler de nuit au-dessus des montagnes californiennes comme le lui avait instamment demandé Steele. Las, son Lodestar de luxe a eu un problème de moteur et nous avons décollé dans un Constellation, plus modeste. Je me suis vite endormie, comme Hitch, assis dans son siège avec une moue de gros bébé. Les deux escales à Kansas City et à Albuquerque ne m'ont pas réveillée. Pareil pour mes illustres voisins. Et puis Steele est venu me secouer gentiment. : « Que se passe-t-il ? – Debout Ingrid, venez voir le Grand Canyon. » Hughes, qui était aux commandes de l'appareil, avait fait le détour par le nord de l'Arizona pour moi. Je me suis assise dans le siège du copilote et j'ai assisté, éblouie, au spectacle incroyable de ces gorges majestueuses et immenses découpées sur plusieurs centaines de kilomètres dans l'ocre d'une profondeur vertigineuse. Hughes, qui pilotait depuis New York, est resté imperturbable jusqu'à l'atterrissage sur son aéroport privé de Culver City.

Steele a eu raison d'insister. Quand Sam Goldwyn, qui devait produire *Stromboli*, a laissé tomber en janvier 1949, trop effrayé par le cinéma imprévisible de Roberto, j'ai sollicité Hughes en désespoir de cause, sur la suggestion de Petter. Le milliardaire m'avait appelée quelques mois plus tôt pour me dire qu'il m'avait acheté un studio de cinéma pour moi toute seule : il venait d'acquérir la RKO : « Un studio ? Ce n'est pas un studio dont j'ai besoin, mais un bon metteur en scène, lui avais-je répondu sur le ton de la plaisanterie. – Envoyez-moi des noms », m'avait-il lancé. En janvier 1949, je l'ai pris au mot et lui ai proposé de financer *Stromboli*. Il a tout de suite donné son accord, sans même vouloir lire une esquisse de scénario : « Est-ce que vous serez belle dans le film ? m'a-t-il juste demandé. – Pas du tout, lui ai-je répondu. J'aurai sur le dos les trucs les moins chers que vous puissiez imaginer. » Les trucs les moins chers, c'est justement tout ce qu'il était incapable d'imaginer.

Quand il m'a rejointe par ses propres moyens à Hollywood, début juin, Bob a acheté une auto, une Lincoln noire. Il ne voulait plus se sentir coincé dans la Cité des Anges, il voulait être autonome. Tu l'as déjà vu conduire, Chim… Il a frôlé le pire en plusieurs occasions. L'état d'ébriété qui était parfois le sien ne facilitait pas toujours les manœuvres dans le trafic. À plusieurs reprises, la voiture mal garée a failli dévaler des pentes. Ses portières, qu'il ouvrait sans regarder ce qui arrivait derrière, ont souvent manqué être arrachées. Capa était un danger public. Heureusement, il n'a pas trouvé de nouveau Sartre à renverser. Fin juillet 1946, il s'écrasa contre un réverbère que la ville de Los Angeles lui demanda de rembourser. Ah, les lumières de la ville… Avant de revenir à Hollywood, il avait signé un contrat avec Henry Holt pour publier ses mémoires. Il devait rendre sa copie avant la fin août. Mais en arrivant, il m'a rejointe sur le plateau d'*Arc de Triomphe*. Nous n'avions pas envie de nous quitter.

Il passait ses journées à me photographier et, le soir, nous nous retrouvions dans le bureau de Milestone. Il y avait plein de bonnes choses à manger, du champagne et du Martini à plus soif, on était entre gens de bonne compagnie, les conversations étaient sympathiques et les éclats de rire tonitruants. Bob était comme un poisson dans l'eau. On a fêté là mon trente et unième anniversaire, le 29 août. L'équipe du film m'a offert l'enregistrement de l'opéra d'Arthur Honegger et Paul Claudel, *Jeanne au bûcher.* « Je ne comprends pas, Ingrid, a dit Milestone. Vous êtes la plus grande star d'Hollywood et vous allez tout laisser tomber, tout ça pour quoi ? » Et de me décrire l'ennui des répétitions qui n'en finiraient pas, l'inconfort des loges de théâtre, la cadence infernale qui m'obligerait à jouer huit fois par semaine la même chose, tout en gagnant une misère par rapport aux cachets du cinéma. « Vous ne faites pas ça pour l'argent puisque vous pouvez gagner dix fois plus en tournant des films. Pourquoi donc ? – Pour la discipline que cela exige », répondis-je. C'est vrai que j'allais gagner moins d'argent à New York. Mon cachet pour *Arc de Triomphe* arrivait chaque semaine sous forme d'un chèque envoyé à Petter. Une fois, il y a eu une erreur de destinataire et le chèque m'a été adressé personnellement. « Dix-sept mille cinq cents dollars ! Mon Dieu, c'est une sacrée somme. Je touche ça chaque semaine ? – Oui, pendant les dix semaines de tournage », m'a répondu Steele, sans préciser que je toucherais aussi vingt-cinq pour cent des bénéfices du film. C'était plus que ce que je gagnais pour un film entier en Suède, mais c'était il y a si longtemps.

Capa t'a raconté, Chim, ses premiers pas devant la caméra ? « Je vais devenir acteur, c'est décidé, m'annonça-t-il un matin, alors que nous prenions un café sur le plateau d'*Arc de Triomphe*. Il est temps que je fasse don de mon talent au cinéma. Je suis né acteur et je vais pouvoir le démontrer à la face du monde. Hollywood, me voilà ! » Je savais que Capa faisait du second degré, mais aussi que, au fond de lui, sa façon de voir la vie comme une immense plaisanterie le poussait à s'offrir en spectacle en permanence, à donner le change. Il jouait pour se montrer inlassablement rieur et de bonne humeur ; pour ne jamais laisser poindre les failles qui le réveillaient la nuit, ces cadavres qu'il avait trop fréquentés de la guerre d'Espagne aux plages de Normandie, jusqu'aux ruines de Berlin, et qui hantaient ses songes. J'étais certaine qu'il serait un excellent acteur. Bob avait accompagné son ami Charles Korvin aux studios Universal où il répétait son rôle pour *Tentation*, l'histoire d'un égyptologue naïf qui épouse une séductrice à la vie dissolue. Elle le trompe et complote avec son amant pour l'éliminer. Korvin jouait l'amant et Merle Oberon l'épouse assassine. Capa était en famille. Merle était la belle-sœur de son ami Zoltan, la femme d'Alexander Korda, le producteur de *To be or not to be*. Bob y était allé au culot en expliquant qu'il jouerait bien mieux le rôle de Hamza, le domestique égyptien, que le pauvre Égyptien qui avait été engagé. Irving Pichel, le réalisateur, s'était gentiment laissé convaincre au motif que l'accent de Capa s'accordait bien mieux à celui de Korvin, et pour cause… entre Hongrois. En fait, Capa, dissimulé sous un burnous, n'avait que quelques mots à prononcer. Il n'avait pas vraiment ce qu'on appelle un rôle à texte, mais il a bien été crédité au générique pour le rôle d'Hamza. Il a abandonné le plateau en octobre quand je lui ai dit que j'étais prête pour repartir à New York. Tu sais, Chim, que la commission des activités anti-américaines du Sénat a cherché des noises à Pichel ? Elle l'a accusé d'avoir réalisé un film antinazi en… 1940, ce qui relevait, selon elle, de « l'antifascisme prématuré ». Quelle drôle d'expression ! En résumé, le pauvre a été antinazi trop tôt quand tant d'autres l'ont été trop tard ! Comme Korvin, Pichel a été blacklisté. Ah, le monde merveilleux d'Hollywood… Je ne regrette pas de l'avoir quitté sans pertes mais avec fracas. Grâce à Capa.

Cela m'est sorti d'un coup : « Petter, accorde-moi le divorce. » La veille de rejoindre New York pour entamer, le 5 octobre à l'Alvin Theater, les trois semaines de répétitions de *Jeanne de Lorraine*, je passais une dernière soirée au 1220 Benedict Canyon. J'avais à peine touché à mon assiette pendant le dîner et, avec Petter, nous nous étions assis devant la cheminée où brûlait un feu timide. Cela m'est sorti d'un coup. Il m'a regardée, interloqué. Il n'a rien trouvé à répondre. J'étais moi-même étonnée d'avoir formulé cela aussi spontanément. C'était une évidence : nous n'avions plus rien à nous dire, nos chemins avaient divergé, nous ne partagions plus rien, hormis une magnifique petite fille qui poussait toute seule. Ce n'était même pas la faute de Capa. Il me l'avait répété, il ne m'épouserait pas. Il ne voulait pas être prisonnier ou il ne m'aimait pas assez. Peu importe. Il m'aurait dit : « Épouse-moi, sois mon amour et nous goûterons tous les plaisirs », j'aurais eu une bonne raison de demander le divorce dans la seconde. Là, je n'en avais aucune, si ce n'est la nécessité de tourner la page. Capa ne voulait pas m'épouser, mais il m'avait délivrée. Quelle plus belle preuve d'amour ? Il ne voulait pas être ligoté et il me déliait de mes entraves. Celles qu'avait tissées Petter pendant des années pour tout régenter : mon argent, mon corps, ma tête, mon désir, mon plaisir, ma vie. Capa ne voulait pas s'attacher, il me détachait des conformismes qui m'avaient maintenue pendant des années dans la bienséance. J'avais cru aimer Victor Fleming en 1941, Gary Cooper en 1942 et quelques autres, mais amoureuse, je ne l'ai été que de Capa. Il m'a offert, en retour, le plus précieux cadeau de non-mariage du monde : la clé pour m'affranchir de mes servitudes. J'étais une femme libre quand je suis montée dans l'avion le lendemain pour New York. Pour remercier mon libérateur, j'ai voyagé avec la robe ornée de broderies que m'avait offerte Julia, sa mère, quand il m'avait emmenée en mai dans son petit appartement de l'Upper West Side pour me la présenter. Je t'assure Chim, je ne me suis jamais sentie aussi belle.

Je ne sais pas qui, de Capa ou de Jeanne d'Arc, m'a donné le plus de courage, mais je n'ai pas hésité. C'était un dimanche de la fin octobre, la vingtaine de journalistes venue pour la conférence de presse avant la première de la pièce dans la capitale américaine se levait pour partir. Avant qu'ils ne s'éparpillent, j'ai repris la parole : « Messieurs, je vous remercie, j'attendais que vous me posiez une question, mais comme vous ne l'avez pas fait, je vais vous révéler quelque chose : je ne reviendrai jamais à Washington. » Ils se sont tous rassis, interloqués. « Vous ne reviendrez plus ? Et pourquoi donc, miss Bergman ? – Parce que je n'y aurais jamais joué si j'avais su que les Noirs n'avaient pas le droit d'entrer au théâtre. »

Je leur ai expliqué que j'étais liée par un contrat, que je l'avais signé sans connaître cette horrible discrimination et que je me devais de l'honorer. Mais que je ne reviendrais pas à Washington tant que les Noirs n'auraient pas accès aux mêmes spectacles et aux mêmes salles que les Blancs. Nous jouons pour tout le monde. Pour tout le monde ! Maxwell Anderson, affolé par les répercussions de ma sortie, se tordait la moustache : « Ne parlez surtout pas de ça dans la presse », m'avait-il enjoint quand j'étais allée le voir, remontée comme une horloge suédoise, après avoir appris l'existence de cette ségrégation. Jo Steele, au contraire, m'avait conseillé de réagir. Quelques jours avant notre première au Lisner, il avait reçu une lettre de l'Association pour la promotion des gens de couleur lui demandant s'il savait que les Noirs ne pourraient pas assister à la pièce. Comment pouvais-je rester silencieuse ? Jouer une pièce sur l'émancipation d'une femme et interdire aux Noirs d'assister au spectacle, quelle hypocrisie ! Je ne voulais pas être complice de ce forfait. J'ai donc ouvert… ma bouche. Pour la première fois publiquement, j'osais briser un tabou. J'y ai pris un plaisir fou. Tu aurais été fier de moi, Chim, si tu m'avais vue brandir l'étendard de la révolte. La première, du coup, a été un peu chahutée. Des gens ont manifesté à l'entrée du Lisner avec des pancartes, quelques-uns me traitaient de « négrophile », des couples de Noirs essayaient de pénétrer dans la salle avec des tickets que des Blancs avaient achetés pour eux. Je craignais que cela dégénère. J'ai demandé à Jo d'intervenir. Il est allé voir les couples qui tentaient d'entrer pour leur demander de partir afin que notre combat ne se retourne pas contre eux. Ils ont accepté et la foule s'est dispersée. Un flot de courriers de tout le pays est arrivé au théâtre les jours suivants pour me féliciter ou m'insulter. J'avais ouvert une brèche minuscule et j'ai reçu le soutien d'une partie de la profession, jusque-là bien silencieuse. C'était un début.

À la fin de la première, les spectateurs ont applaudi. On a eu droit à douze rappels et à une standing ovation. Les places étaient toutes vendues pour les trois semaines où l'on jouait à Washington. La pièce démarrait sous de bons auspices avant de s'installer pour sept mois à Broadway, avec là aussi le plein de réservations. Pendant les répétitions à New York, Anderson avait accepté la plupart de mes suggestions. Chaque jour, j'étais allée le voir avec une citation de Jeanne extraite des minutes de son procès. De citation en citation, j'avais largement réussi à remanier son texte. Ce n'était plus une pièce sur des acteurs qui jouent *Jeanne d'Arc*, mais bien une pièce sur Jeanne, ce qui, pour moi, était essentiel.

Un après-midi, j'ai été invité à la Maison-Blanche par Mme Truman. Elle m'a accueillie avec beaucoup de simplicité et m'a demandé d'excuser son mari président qui n'avait pas pu se libérer pour me saluer. Elle m'a offert un thé et m'a fait visiter la demeure présidentielle. On a parlé de la difficulté d'entretenir une maison aussi grande et j'ai fait semblant de croire que la tâche n'était pas de tout repos pour l'épouse du président, entourée d'une foule de domestiques. Mais Bess Truman ne jouait pas. Elle était nature et mettait à l'aise, comme si on se connaissait depuis toujours. Le président, m'a-t-elle confié, l'appelait « le boss ». « Qu'est-ce qu'elle doit s'ennuyer pour recevoir des gens comme nous », dis-je à Jo Steele en quittant la Maison-Blanche.

En rentrant à l'hôtel, j'ai eu une très bonne surprise : Capa m'attendait dans un sofa en buvant un Martini. Le soir, il s'est assis au premier rang du Lisner pour assister à la pièce. J'étais si heureuse de le voir, mais aussi un peu mélancolique. Je savais que c'était notre dernier soir d'ici longtemps. Il devait rentrer en France pour terminer son livre. Nous n'allions pas nous revoir avant le printemps. Cela allait être terriblement long. Trop long. Notre histoire n'y résisterait sans doute pas. Nous savions l'un et l'autre qu'elle n'avait plus d'avenir, mais nous ne voulions pas nous quitter. Nous laissions les événements nous mener. Le mot « fin » était déjà écrit, mais nous voulions croire que des rebondissements étaient imaginables, comme dans toutes les bonnes histoires d'Hollywood. Ilsa Lund part avec son mari à la fin de *Casablanca*, mais qui sait si elle ne retrouvera pas un jour l'amoureux qu'elle abandonne sur le tarmac ? « *Play it again, Sam*… – Nous aurons toujours Paris, lui dit Rick. – Je ne voulais plus jamais te quitter. – Tu ne me quittes pas, mais j'ai à faire aussi ; là où je vais tu ne peux pas me suivre. »

Capa avait à faire, moi aussi, la vie nous séparait, mais à Hollywood, tout peut arriver, surtout l'improbable. Il suffit de trouver le bon scénariste pour écrire une suite à l'histoire et le bon producteur qui accepte d'allonger les fonds. Mais qui allait inventer les rebondissements pour relancer la nôtre, qui allait payer pour voir la suite ? Capa allait poursuivre sa vie de reporter sans attaches, je continuerais la mienne de prisonnière dorée des studios. Nos chemins allaient s'éloigner inexorablement si un *deus ex machina* ne venait pas vite à notre rescousse.

À New York, pendant les répétitions de *Jeanne*, nous avions repris avec avidité nos sorties nocturnes. À chaque fois avec d'autant plus d'intensité que nous savions pertinemment que nous vivions nos derniers instants de bonheur ensemble. Pour le faire enrager, j'avais envoyé à Jo Steele une carte postale du Café Society, au 2 Sheridan Square, qui résumait bien mon état d'esprit. Elle représentait la silhouette éblouissante d'une blonde couverte de fourrure et de bijoux qu'entourait une horde de playboys en queues-de-pie et hauts-de-forme. *Passé un moment merveilleux. Tous ont pris soin de moi. Jeanne la Lorraine*, lui avais-je écrit comme dédicace. Jo apprécierait en connaisseur.

Il savait que je profitais jusqu'à la dernière goutte de mon histoire pétillante avec Bob.

Capa m'avait déniaisée, mais je n'étais pas totalement guérie de mes réflexes de première communiante. Parmi le flot de courriers qui m'arrivait à Washington, il y avait beaucoup de lettres sur ma sortie contre la ségrégation, mais aussi quelques-unes sur des rumeurs qui commençaient à courir sur mon divorce. Sheila Graham, autre potinière influente, avait annoncé à la radio que nous avions eu des mots avec Petter et que nous allions divorcer. J'étais contrariée. Je réclamais le divorce dans l'intimité de notre foyer, mais je n'étais pas prête à assumer la rupture publiquement. Rompre pour quoi, pour qui ? J'en voulais à Capa de m'avoir éclairée sur l'absence d'avenir de mon couple alors qu'il se refusait à m'en offrir un avec lui. Il me laissait seule. Orpheline. Sans père, sans mari, sans amant. Je détestais cette peur primitive qui me rongeait depuis la mort de mes parents. La peur d'être abandonnée, le besoin constant d'avoir un homme sur qui compter. J'étais une star, mais je me sentais seule au monde. C'était d'un banal, mon pauvre Chim. Pas de quoi écrire un scénario présentable pour Hollywood. J'en voulais à Bob, mais quand il est venu me voir à Washington, je n'ai joué que pour lui. À l'être qui m'était le plus cher au monde et que j'étais condamnée à ne plus pouvoir aimer, je souhaitais offrir tout ce dont j'étais capable. Jamais je n'ai mis autant d'intensité dans un rôle. Je me suis envolée. Le reste de la salle n'existait pas. Je voulais l'éblouir pour qu'il reste à jamais aveuglé. Et quand le rideau est tombé, je n'ai regardé que lui pour sentir s'il avait compris que je lui avais tout donné. Il a été le premier à se mettre debout pour m'applaudir et il a entraîné la salle derrière lui comme un seul homme. Ce soir-là, on a battu notre record : treize rappels. Jamais, il n'a été égalé. J'ai vu Capa applaudir debout pendant treize minutes de toute sa fougue, comme s'il ne saluait pas seulement ma prestation sur scène, mais l'ensemble de notre histoire. Il m'a entraînée au Willard sur Pennsylvania Avenue, l'hôtel où il était descendu. Il a commandé une bouteille de Roederer et deux assiettes, je crois. Nous nous sommes allongés sur le lit, j'étais épuisée, je n'avais pas même la force de trinquer. Capa m'a embrassée en laissant couler du champagne dans ma bouche. Il m'a déshabillée lentement et s'est allongé contre moi. Nous sommes restés un long moment l'un contre l'autre, nus, sans bouger. Dans un demi-sommeil, j'ai senti sa main qui remontait sur ma cuisse, jouait avec la pointe de mes seins. Il savait combien j'étais sensible à cette caresse. Mon corps s'éveillait tandis que mon esprit continuait à somnoler. Toute la nuit, nos rêves se sont emmêlés, nous avons échangé nos bouches, laissé nos liquides nous envelopper dans un linceul de désir, nous n'avons jamais été aussi proches l'un de l'autre, sans prononcer aucun mot. Bob est reparti à l'aube pour New York. Le soir, après la représentation, Jo Steele est venu dans ma loge : « Ça va Ingrid ? Vous sembliez un peu absente ce soir, comme si vous aviez un peu laissé filer le rôle. – Je m'en fiche. J'ai tout donné hier et j'avais une bonne raison de le faire, une très bonne raison. »

Le soir de la première à Broadway, le 18 novembre, Capa m'a envoyé une rose blanche que j'ai gardée précieusement près de moi, même une fois fanée, surtout une fois fanée. Ç'a été un triomphe. La critique new-yorkaise a été dithyrambique. Petter, qui était reparti illico à Los Angeles, m'a écrit que je l'avais fait pleurer. Hemingway, que j'étais la plus grande actrice du monde, Steinbeck, que j'étais magnifique. George Stevens a demandé à me voir dans ma loge : « Ingrid, je suis venu à New York pour vous parler d'une histoire que je veux réaliser. Mais après vous avoir vue ce soir, j'ai changé d'avis. Ce n'est pas assez bon pour vous et je ne vais même pas vous dire de quoi il s'agissait. » Victor Fleming m'est tombé dans les bras : « Bon sang de bonsoir, Ingrid, pourquoi veux-tu faire encore des films ? Tu dois jouer Jeanne pendant deux ans, dix ans, toute ta vie ! J'étais venue ici pour te parler d'un film, mais au diable ce projet minable. Même si tu voulais le faire, je t'en empêcherais. » Il m'a dit qu'il avait prévu de rentrer en Californie le lendemain, mais qu'il allait rester pour revoir la pièce, et la revoir encore et encore. Victor est resté et nous avons décidé de monter un film sur Jeanne d'Arc, qu'il réaliserait. C'était donc ça la gloire, être applaudie sans aucune réserve ? Le rideau tombé, le soir de la première, j'ai pleuré assise sur une chaise dans les toilettes de l'hôtel Astor où la production donnait une réception. Il me fallait du temps après la représentation pour oublier le public, là, toujours devant moi avec les projecteurs dans les yeux. Le champagne, heureusement, m'aidait à recouvrer un peu de sérénité avant de m'endormir. Chim, tu veux bien me resservir une dernière coupe ?

Capa n'était pas de la fête. Il était à Paris. Il avait loué une petite maison avec un atelier, une verrière et une grande cheminée près de Fontainebleau pour achever son livre. *Le bar du Ritz, El Morocco et le coin de la place Vendôme demandent de tes nouvelles*, m'écrivait-il en m'enjoignant de ne pas signer des centaines de contrats pour demeurer un être humain. Il me priait d'être « archangélique », c'était son mot, et de bien vouloir mettre au frais une bouteille de champagne pour nos retrouvailles au mois de mars. J'avais hâte de trinquer avec lui. Je sentais sa présence dans la loge de l'Alvin Theater, mais aussi la distance qui se creusait entre nous au fil des représentations et des sollicitations. *Chaque fois que je vais dans un bar, voir une pièce ou me promener dans une rue brumeuse, je désire que tu sois à mes côtés*, m'écrivait-il de Londres où il avait fait un saut pour tenter de vendre un reportage à *The Illustrated.* Au gré de ses envois, je voyais sa mélancolie grandir comme s'il regrettait le chemin inéluctable de la séparation que nous avions commencé à emprunter. Victor Fleming se faisait plus pressant depuis que nous avions décidé de tourner *Jeanne d'Arc* ensemble. Il était tombé raide dingue de moi, il m'appelait « mon ange » tout en convenant qu'il n'y a pire idiot que le sexagénaire qui en pince pour une jeunette de trente-trois ans de moins que lui. Il avait loué une suite à Hampshire House, huit étages au-dessus de la mienne pour préparer le film. Une nuit, Petter, arrivé à l'improviste à New York, m'a trouvée chez lui. C'était très embarrassant. Je me doutais que Capa devinait tout ça. Je lui avais parlé du film avec Fleming dans mes lettres. Il m'avait proposé un titre : *La Sorcière.* Je ne savais pas s'il fallait que je prenne le qualificatif pour moi. Quand il ne disait pas « mon ange », Fleming m'appelait « ma sorcière ». Je l'avais ensorcelé, se plaignait-il. Capa savait que j'avais eu un petit béguin pour lui pendant le tournage de *Dr. Jekyll et Mr. Hyde*, comme cela peut m'arriver plus ou moins à chaque film. Peut-être pensait-il que l'histoire allait se répéter. Il n'imaginait sans doute pas que les rôles seraient inversés et que, cette fois, c'était Fleming qui était sous mon emprise.

*Ne t'en va pas*, m'écrivit Bob. *Il y a peu de choses précieuses dans la vie – qui ne l'est pas – en dehors de la joie. C'était, c'est ta joie que j'aime et il y a très peu d'esprits joyeux dans la vie d'un homme. Tendrement. Capa.* Il devait se rendre en Turquie avant Noël pour réaliser avec un caméraman français un documentaire sur la marche forcée du pays vers l'occidentalisation. À Istanbul, m'écrivait-il, il luttait le jour contre la bureaucratie turque qui ne lui facilitait pas le tournage. Et la nuit, il achevait ses mémoires qu'il devait envoyer à New York avant la fin de l'année. Il avait retrouvé le plaisir du journalisme : *C'est bon de travailler, de penser et d'être seul. Il fallait que je fasse le bilan de ma dernière année et pour le faire il fallait que je parte. Maintenant je suis satisfait d'être allé à Berlin, à Hollywood et d'en être reparti à temps – tu vois, c'est à moi-même que j'écris. Et toi, comment vas-tu, est-ce que sous ton armure tu te comportes comme il faut ? S'il te plaît, écoute mes voix.*

Comment fallait-il que je me comporte ? Entre le théâtre qui m'épuisait, cent quatre-vingt-dix-neuf représentations jusqu'au 10 mai 1947, la passion d'un vieil homme qui s'usait à préparer le film dont je rêvais depuis toute petite et Capa dont la déprime m'attristait, je mûrissais, je devenais une autre, plus endurcie, plus encline à m'écouter. Ma relative indépendance newyorkaise m'avait permis à moi aussi de faire le point.

Je n'étais pas à « l'épreuve des balles », comme me le répétait souvent Fleming, j'étais encore trop tendre. Mais je savais désormais que je voulais tracer ma route par moi-même. Je me souvenais d'une anecdote que m'avait racontée Sam Wood. Peu après le tournage de *Pour qui sonne le glas*, nous étions allés en famille nous baigner sur une plage de Malibu que fréquentait Sam. L'écrivain Laurence Stallings était présent. Il écrivait un script avec Wood après avoir travaillé dans les années 20 avec Maxwell Anderson. Encore une fois, tu vois, Chim, comme le monde est petit. J'adorais aller nager loin et longtemps. Stallings, qui avait perdu une jambe pendant la Première Guerre, s'inquiétait de me voir ainsi dans les vagues de Malibu réputées dangereuses. Il demanda à Wood s'il ne serait pas plus prudent d'alerter les sauveteurs de la plage. « Ingrid n'aimerait pas, répondit Sam. Un jour, elle va vraiment commencer à nager et elle ne reviendra pas. » Cette fois, c'est sûr, j'avais commencé ma grande traversée.

Il m'avait téléphoné à l'Alvin Theater pour me prévenir qu'il était en ville, en se faisant passer pour Petter, comme quand il cherchait à me joindre aux studios de la RKO. Il venait de passer saluer Julia, sa mère, et Cornell, son frère. Capa avait tenu sa promesse. Fin mars 1947, il était de retour à New York. Il avait achevé son livre et terminé son film. Après la Turquie, il était allé skier à Megève pour se détendre. Nous étions convenus de nous retrouver après la représentation au Bedford Hotel sur la 40e Rue, où il avait posé ses affaires. Nous avions tant à nous raconter, mais pouvions-nous encore tout nous dire ? Je m'apercevais que, pour la première fois, je m'apprêtais à lui mentir. Je n'allais pas lui raconter mes nuits avec Victor à Hampshire House, je n'allais pas l'inviter suite 2606 par peur qu'il ne le croise. J'allais me comporter avec Capa comme avec Petter… Notre histoire méritait-elle cela ?

Nos corps se sont retrouvés sans avoir besoin de mots. À peine avions-nous trinqué que Capa m'enlaçait, faisant disparaître toute la tension qui était la mienne dans le taxi pour le Bedford. Nos lèvres se sont touchées et le désir nous a pris avec la force que créent quatre mois d'absence. La mémoire des jouissances passées était inscrite dans nos têtes, dans nos muscles et tous nos nerfs, et elle a décuplé notre désir. Ma fatigue, mes peurs, mes pudeurs, mes limites, tout a été pulvérisé, notre plaisir a tout submergé, jusqu'aux bruits de la ville. Nous avions terminé le champagne :

– Tu n'avais pas mis une bouteille au frais comme je te l'avais demandé. Heureusement que j'y ai pensé.

– J'ai changé, Bob

– Je sais, ma petite vierge suédoise. Je l'ai tout de suite vu. Tu as pris vingt ans, tu as un rhume et les yeux rouges. Notre séparation a eu un terrible effet sur toi.

– Tu es vraiment un salopard. Se moquer ainsi d'une sainte qui chaque soir est au turbin et même le dimanche, huit représentations par semaine, depuis le 18 novembre…

– C'est le tribut à payer quand on est devenue, comme toi, une étoile incomparable dans l'histoire du théâtre, je l'ai lu dans le *New Yorker*, quand on est distinguée par le roi de Suède pour son talent exceptionnel. Mais je te rassure, tu n'usurpes pas ces superlatifs, tu les mérites.

– Je suis en train de conquérir mon indépendance, Bob, et, cette fois, je ne la dois qu'à moi-même. Cette

Jeanne d'Arc, je ne la dois ni à Selznick, ni à Petter, ni même à Maxwell. Elle me revient, je l'ai montée avec toute ma volonté, toute mon énergie et bien sûr avec une équipe merveilleuse qui a su m'épauler. Je ne suis plus l'otage d'Hollywood. Tu m'as ouvert les yeux. Cela a été douloureux, mais je t'ai entendu. Tu avais raison. Désormais, je vais me consacrer aux seuls projets qui m'intéressent, je vais tracer mon sillon sans dépendre de personne.

– Pas même de moi ?

– Surtout pas de toi. Tu n'as pas voulu devenir M. Bergman et abdiquer ta liberté, sous le soleil enchanteur d'Hollywood, je l'ai compris. Tu ne m'as pas proposé de devenir Mme Capa, cela a été une souffrance, mais je l'ai accepté. Mieux, j'ai réussi à prendre cela comme un cadeau que tu m'offrais. Tu me libères de mes entraves sans m'entraver en retour. Tu as fait de moi une femme libre et je ne t'en remercierai jamais assez.

– Je me suis laissé dire que Victor Fleming profite bien de ta liberté.

– Victor est très investi pour tourner *Jeanne d'Arc*, mais je ne suis pas amoureuse de lui. Je l'aime bien, comme j'ai aimé quelques hommes le temps d'un tournage. Mais cela n'a rien à voir avec l'amour que j'ai pour toi. Pour toi, j'étais capable de tout quitter, tu es le seul homme que j'ai jamais demandé en mariage.

– Et le seul qui a refusé.

– Oui, et j'espère que tu as honte de laisser filer une belle fille comme moi. Tu sais, Bob, je t'aime trop pour que notre relation devienne banale. Notre histoire ne doit pas finir médiocre. Le 10 mai quand j'en aurai terminé ici, je vais rentrer au 1220 Benedict Canyon pour reprendre ma petite vie tranquille avec Pia et Petter. Je vais retrouver les studios, tourner *Jeanne d'Arc* avec Fleming, puis retravailler avec Hitchcock, sans doute. La vie nous sépare, Bob, il vaut mieux qu'on arrête de se voir et qu'on devienne bons amis.

– Tu ne veux plus m'épouser ?

– C'est toi qui ne veux pas, je te le rappelle.

– Ah mon archangélique petite Suédoise ! Comment vais-je pouvoir t'oublier ?

– Tu ne vas pas pouvoir. Et moi non plus. Notre histoire est unique. On restera à jamais des amants magnifiques, les amants de la Libération. Tu fais partie de ces gens qui rendent la vie plus belle, plus intéressante et te convainquent qu'elle vaut la peine d'être vécue. Crois-moi, je ne suis pas près de t'oublier.

– J'ai eu tant de mal à t'oublier à Paris, à Londres, je te voyais à tous les coins de rue. À Istanbul, j'imaginais chaque nuit que tu allais frapper à ma porte et qu'on allait filer boire un raki au souk. Mais qu'irait faire une star à Istanbul ? Elle s'étiolerait, comme moi à Hollywood. La vie nous sépare, tu as raison, mais nous sommes condamnés à demeurer unis par les liens du non-mariage, ma belle, et ils sont bien plus forts que ceux que tresse une cérémonie, tu vas voir. Toute ta vie, tu vas devoir me courir après puisque tu n'as pas réussi à m'attraper… Je pousse un peu sans doute, mais j'essaie de me consoler comme je peux… Je n'ai plus qu'à aller me saouler à la vodka en Russie. J'ai croisé Steinbeck au bar du Bedford. Il ne m'a pas paru très en forme. Je crois que son bouquin, *Les Naufragés de l'autocar*, ne marche pas et qu'il est en train de divorcer. Il m'a proposé de partir en Russie avec lui pour raconter le quotidien des Russes d'aujourd'hui, vérifier s'ils portent tous un couteau entre les dents ou pas. Il écrirait un journal et moi je filmerais et prendrais des photos. Cela me paraît un bon plan, qu'en penses-tu ?

– C'est une excellente idée, tu rêves depuis si longtemps d'aller en Russie. Et puis, tu pourras peut-être écouler quelques montres Mickey, s'il t'en reste.

– Moqueuse ! Allez, adieu Jeanne d'Arc, à moi, les poupées russes !

C'est moi qui ai craqué, Chim. Petter voulait absolument que nous allions à Sun Valley, le premier week-end d'avril, le week-end de Pâques. Il disait qu'avant les dernières représentations à New York, il me fallait reprendre des forces, que l'air de la montagne me guérirait de mes allergies et d'une laryngite qui ne me quittait pas. L'idée de me retrouver à skier seule avec Petter me déprimait. Et puis, surtout, j'étais jalouse des semaines que Capa avait passées sur les pistes à Megève sans moi. Alors, je lui ai proposé de nous accompagner à Sun Valley. On pourrait feindre une rencontre fortuite et Petter n'y verrait que du feu. On pourrait skier ensemble, ce serait merveilleux et, bien sûr, tout à fait déraisonnable. Ainsi fut fait. On a feint le hasard de la rencontre sur les pistes un matin ensoleillé d'avril. « Vous ici, ça alors, mais quelle coïncidence, c'est extraordinaire... » Capa s'est amusé à proposer à Petter de lui donner des cours de ski. J'ai compris qu'il cherchait ainsi à me venger de toutes les blessures d'amour-propre que Petter m'avait infligées, il savait que c'était la meilleure façon de blesser son orgueil et j'étais fière de sa provocation chevaleresque. Mais je n'ai pas voulu que cela s'envenime entre eux. Alors, j'ai fait ma maligne à mon tour : « Messieurs, je pars devant et je vous mets au défi de me dépasser. » Je connaissais les pistes et je me savais bonne skieuse mais, cent mètres plus bas, je me suis étalée sur une plaque de glace dans un virage. J'avais mal à la cheville et je suis redescendue tant bien que mal à l'hôtel. Il n'était plus question de skier si je voulais remonter sur les planches de Broadway à la fin du week-end. Comme le hasard avait bien fait les choses, Capa était descendu au Sun Valley Lodge, comme nous. Le matin, il attendait que Petter parte skier pour me rendre visite. Et s'attarder un peu avec moi alors que je terminais ma grasse matinée au lit. « Si Petter arrive, je descendrai par le balcon », disait-il. Le risque nous excitait. Nous étions d'autant plus enclins à le courir que nous savions que nous ne nous reverrions pas de sitôt. J'allais bientôt être de retour à Hollywood et Capa attendait son visa pour l'URSS. Le soir, il descendait jouer au casino. Quand il gagnait des petites sommes, il en rejouait de plus grosses. Petter le croisa et vint me voir, effrayé : « Capa est en train de perdre gros, très gros, il est devenu fou, il ne veut pas arrêter, tu devrais peut-être descendre le convaincre d'aller se coucher. » Je suis descendue, mais il ne m'a pas écoutée davantage : « Tout ou rien, premier ou dernier, telle est ma devise, tu le sais bien. » Le lendemain, il me confia avoir perdu plus de deux mille dollars, tout ce qu'il avait en poche : « C'est ce qui pouvait m'arriver de mieux. Je vais devoir travailler encore davantage. » Il était temps qu'il reprenne le chemin du retour.

Avant son départ, il a croisé Petter et lui a dit qu'il devait prendre soin de moi, qu'il m'avait trouvée très fatiguée à New York. Petter a alors compris que notre rencontre à Sun Valley n'était peut-être pas fortuite, mais aussi bien arrangée qu'un vieux rhum : « Il y a quelque chose entre Capa et toi ? Il m'a dit que vous vous étiez vus à New York et j'en ai déduit que sa présence ici, en même temps que nous, n'est pas le fruit du hasard. Je me trompe, Ingrid ? Ou plutôt, tu me trompes ? – Nous nous sommes vus à New York, oui, il est venu me voir jouer au théâtre et nous avons dîné ensemble ensuite. C'est tout. Il ne s'est rien passé entre nous, Petter, je te le promets. Et surtout, j'ignorais qu'il venait skier ici. » Je détestais mentir aussi frontalement, je sentais le rouge me monter aux joues comme à chaque fois que j'étais sous le coup de l'émotion, mais je n'avais pas le choix. Petter, à ma grande surprise, ne m'a pas interrogée davantage. Il n'était pas dupe, mais ma dénégation lui suffisait. Je restais avec lui, je demeurais à lui, il continuait à gérer mes contrats, mes revenus, surtout mes revenus, et cela seul lui importait. Capa est parti sans me dire au revoir. Sun Valley n'était plus qu'une vallée de larmes.

J'ai fini par m'acquitter de la bouteille de champagne que Capa m'avait réclamée. Quand je suis allée à Reims en 1948 pour la promotion de *Jeanne d'Arc*, j'ai fait expédier à Magnum une photo de moi devant une bouteille géante que j'ai glissée dans une caisse de douze... magnums, tu te souviens ? Votre toute neuve agence de photographes méritait bien ça pour son premier anniversaire, Capa en était si fier ! Le reste, tu le connais, Chim, nos éclats de rire à Rome, à Ravello, à Londres ou à Paris, chaque fois que nous nous sommes revus, tu en as souvent été le plus proche témoin. L'influence hongroise sur la petite sainte suédoise a été considérable. Sans elle, je serais toujours un oiseau en cage à Hollywood. Je mesure chaque jour tout ce que je lui dois. Roberto, dès qu'il entend le nom de Capa, est jaloux comme un Italien du Sud. S'il savait...

– ... Il est jaloux de tout le monde, Ingrid.

– Oui, et il a bien tort, car sans Capa, je ne serais jamais entrée dans un cinéma pour voir un de ses films, je ne connaîtrais pas même le nom de Rossellini. Bergman, femme ouverte, ouverte au monde, c'est grâce à Bob et à lui seul. Comment a-t-il pu m'abandonner ainsi au milieu de ma vie ? Chim, ressers-moi une dernière coupe, il est tard, non ?… Tu sais que Howard Hawks a toujours été fasciné par l'amitié entre Hemingway et Capa ? Il m'a dit un jour qu'il réfléchissait à écrire un film autour de leur histoire. Quel beau projet ! Cette idée me plaît terriblement. Je pourrais jouer la femme à l'origine de leur rencontre pendant la guerre d'Espagne, une sorte de suite au rôle de la petite Maria, qu'en penses-tu ? Je vais appeler Hawks. Il faut absolument faire revivre Capa, Chim. Chim ?

# Épilogue

Le cahier de Chim a été retrouvé à l'Inghilterra à l'occasion de récents travaux de rénovation de l'hôtel de la Via Bocca di Leone. Il a dormi dans les murs de l'établissement romain sans que personne n'ait jamais soupçonné son existence après la disparation de son propriétaire.

Alors qu'il roulait vers El-Kantara, à une cinquantaine de kilomètres au sud de Port-Saïd, pour assister à un échange de prisonniers, le 10 novembre 1956, trois jours après le cessez-le-feu à Suez, David Seymour a reçu vingt-trois balles tirées par une mitrailleuse égyptienne. Il allait avoir quarante-cinq ans. Il était avec Jean Roy, photographe français de *Paris Match*, qui succomba lui aussi. Chim fut enterré le 26 novembre au cimetière de Cedar Park à New York, à quelques kilomètres du cimetière de Amawalk où Capa avait été inhumé deux ans et demi plus tôt.

Ingrid Bergman s'est éteinte le 29 août 1982 à Londres, le jour de ses soixante-sept ans. Elle venait de sabler le champagne pour fêter son anniversaire.

Howard Hawks n'a jamais tourné le film dont il rêvait sur l'amitié entre Hemingway et Capa.

# Bibliographie


Pierre Assouline, *Cartier-Bresson, l'œil du siècle*, Paris, Folio, 2001

Cecil Beaton, *Les Années heureuses*, Paris, Les Belles Lettres, 2020

Simone de Beauvoir, *La Force des choses*, Paris, Gallimard, 1963

Bernard Benoliel, *Hitchcock, la totale*, Paris, EPA, 2021

Ingrid Bergman et Alan Burgess, *Ma vie*, Paris, Fayard, 1980

Carolyn Burke, *Lee Miller, dans l'œil de l'Histoire, une photographe*, Paris, Autrement, 2007

Robert Capa, *La Mort en marche*, Paris, Delpire, 2020

Robert Capa, *Juste un peu flou*, Paris, Delpire, 2003

Blaise Cendrars, *Hollywood, la Mecque du cinéma*, Paris, Denoël, 2001

Sophie Chauveau, *Picasso, le Minotaure*, Paris, Folio, 2020

Chim Archives

Ernest Hemingway, *Œuvres romanesques*, Paris, La Pléiade, 1966

Mary Welsh Hemingway, *How it Was: A Life*, Londres, Weidenfeld & Nicolson, 1977

Richard B. Jewell, *Clap de fin, le déclin de la RKO Radio Pictures*, Paris, Lobster films, 2021
Alex Kershaw, *Robert Capa, l'homme qui jouait avec la vie*, Paris, JC Lattès, 2003
Hedy Lamarr, *Ecstasy and me*, Paris, Séguier, 2018
Camille Larbey, *Marlene Dietrich, celle qui avait la voix*, Paris, Capricci, 2021
Laurence Leamer, *Ingrid Bergman, le Mythe et la Vie*, Paris, Perrin, 1986
Bernard Lebrun et Michel Lefebvre, *Robert Capa, Traces d'une légende*, Paris, Éditions de la Martinière, 2011
Axel Madsen, *John Huston, a Biography*, New York, Doubleday, 1978
Todd McCarthy, *Hawks*, Paris, Actes Sud/Institut Lumière, 1999
Paula McLain, *La Troisième Hemingway*, Paris, Le Livre de Poche, 2021
François Maspero, *L'Ombre d'une photographe, Gerda Taro*, Paris, Seuil, 2006
Serge Mestre, *Regarder*, Paris, Sabine Wespieser, 2019
Lee Miller, *Reportages de guerre : 1944-1945*, Paris, Bartillat, 2022
John G. Morris, *Des hommes d'images*, Paris, Éditions de la Martinière, 1999
Carole Naggar, *David Seymour, vies de Chim*, Biarritz, Contrejour, 2014
Antony Penrose, *Les Vies de Lee Miller*, Londres, Thames&Hudson, 2022

Man Ray, *Autoportrait*, Paris, Actes Sud, 1998
Martine Reid, *Être Cary Grant*, Paris, Gallimard, 2021
Andrea di Robilant, *Automne à Venise*, Paris, Fayard, 2021
Isabella Rossellini et Lothar Schirmer, *Ingrid Bergman*, Paris, Actes Sud/Institut Lumière, 2013
Irwin Shaw, *Le Bal des maudits*, Paris, Presses de la cité, 1949
Irwin Shaw, *À la française*, Paris, Presses de la Cité, 1964
Irwin Shaw et Ronald Searle, *Paris !, Paris !*, Paris, Plon 1977
Michael Shnayerson, *Irwin Shaw, a Biography*, New York, G.P. Putnam's Sons, 1989
A.M. Sperber and Eric Lax, *Bogart*, Londres, Itbooks, 1997
Donald Spoto, *Ingrid Bergman*, Paris, Presses de la Cité, 1997
Donald Spoto, *The Dark Side of Genius, the Life of Alfred Hitchcock*, Boston, Da Capo Press, 1999
Joseph Henry Steele, Ingrid Bergman, *An Intimate Portrait*, New York, Popular Library Edition, 1960
John Steinbeck, Robert Capa, *Journal russe*, Paris, Gallimard, 2022
Richard Whelan, *Robert Capa*, Paris, Mazarine, 1985
Michel Winock, *La France libérée*, Paris, Perrin, 2021

# Filmographie sélective

*Quatre Filles courageuses* de Carl Froelich, 1938.
*Intermezzo* de Gregory Ratoff, 1939.
*Dr. Jekyll et Mr. Hyde* de Victor Fleming, 1941.
*Le Faucon maltais* de John Huston, 1941.
*Casablanca* de Michael Curtiz, 1942.
*Pour qui sonne le glas* de Sam Wood, 1943.
*Sahara* de Zoltan Korda, 1943.
*Hantise* de George Cukor, 1944.
*Le Port de l'angoisse* de Howard Hawks, 1944.
*L'Intrigante de Saratoga* de Sam Wood, 1945.
*Les Cloches de Sainte-Marie* de Leo McCarey, 1945.
*Rome, ville ouverte* de Roberto Rossellini, 1945.
*La Maison du docteur Edwardes* d'Alfred Hitchcock, 1945.
*Les Enchaînés* d'Alfred Hitchcock, 1946.
*Le Grand Sommeil* de Howard Hawks, 1946.
*Arc de Triomphe* de Lewis Milestone, 1948.
*Jeanne d'Arc* de Victor Fleming, 1948.
*Stromboli* de Roberto Rossellini, 1950.
*Plus fort que le diable* de John Huston, 1953.
*Voyage en Italie* de Roberto Rossellini, 1954.
*Robert Capa : In Love and War* d'Anne Makepeace, PBS, 2003.

Remerciements

Merci à Dominique et Merveille, Laurence et Christian pour leur bienveillante hospitalité, merci à Mireille Paolini pour sa confiance et au Thénard's band pour sa patience.

## Du même auteur

Les 21 jours qui ébranlèrent la droite
(avec Gilles Bresson)
*Grasset, 1989*

Comment j'ai sauvé le président
Farces et attrapes de la Sarkozie
(avec Didier Hassoux)
*Calmann-Lévy, 2012*

Petit guide de survie en pays réac
*Seuil, 2017*

RÉALISATION : NORD COMPO À VILLENEUVE-D'ASCQ
IMPRESSION : CPI FRANCE
DÉPÔT LÉGAL : AVRIL 2023. N° 146353 (173156)
*Imprimé en France*